北京市哲学社会科学规划办公室
北京市教育委员会
北京现代产业新区发展研究基地
首都清洁能源供应和使用安全保障技术协同创新中心
资助出版
北京市社会科学基金青年基金（项目批准号：16GLC062）
北京市优秀人才培养资助青年骨干个人（项目批准号：2016000020124G061）
国家自然科学基金青年科学基金（项目批准号：71703009）
北京市属高校高水平教师队伍建设支持计划青年拔尖人才培育计划项目（项目
编号：CIT&TCD201804032）
资助出版

能源回弹效应的测算
方法与应用研究

卢密林　著

北京工业大学出版社

图书在版编目（CIP）数据

能源回弹效应的测算方法与应用研究 / 卢密林著 .
— 北京 ：北京工业大学出版社，2020.12（2021.11 重印）
ISBN 978-7-5639-7823-6

Ⅰ．①能… Ⅱ．①卢… Ⅲ．①能源效率－研究－中国
Ⅳ．① F206

中国版本图书馆 CIP 数据核字（2020）第 271303 号

能源回弹效应的测算方法与应用研究

NENGYUAN HUITAN XIAOYING DE CESUAN FANGFA YU YINGYONG YANJIU

著　者： 卢密林
责任编辑： 刘连景
封面设计： 点墨轩阁
出版发行： 北京工业大学出版社
　　　　　　（北京市朝阳区平乐园 100 号　邮编：100124）
　　　　　　010-67391722（传真）　bgdcbs@sina.com
经销单位： 全国各地新华书店
承印单位： 三河市腾飞印务有限公司
开　　本： 710 毫米 ×1000 毫米　1/16
印　　张： 11
字　　数： 220 千字
版　　次： 2020 年 12 月第 1 版
印　　次： 2021 年 11 月第 2 次印刷
标准书号： ISBN 978-7-5639-7823-6
定　　价： 45.00 元

作者简介

　　卢密林，男，1983年生，北京石油化工学院能源经济研究中心副主任，北京理工大学企业管理博士，北京市青年拔尖人才，北京市优秀人才青年骨干。主要从事资源与环境管理、环境政策与生态管理、资源管理与政策、能源经济学、能源金融等领域的研究工作。近几年主持及参与国家级、省部级科研项目10余项，其中主持国家自然科学基金青年基金项目1项，北京市社会科学基金青年基金项目1项，北京市青年拔尖人才项目1项，北京市优秀人才青年骨干个人项目1项。发表论文8篇，其中国内外重要学术期刊SCI（SSCI）、CSSCI论文6篇，被引用达200多次。

前　言

改革开放以来，随着我国经济的持续快速增长与城镇化、工业化进程的加速，能源消费量持续快速上升。能源消费结构的不合理与能源效率低下等问题导致我国高能耗、高排放问题异常突出，节能减排形势日趋严重。在能源供给日益紧缺、减排压力不断增大、矛盾明显加剧的背景下，我国将改进能源效率视为缓解这一矛盾、应对能源和气候变化挑战的有效途径，许多国家也都在积极寻求通过立法、技术创新、财税政策、政府规划目标等途径来试图提高能源效率，从而达到节能减排的目的。

提高能源效率是延缓气候变化与节能减排的重要策略，然而能源节约新技术的引进会引起回弹效应，进而间接导致能源消费的增加。能源回弹效应作为一个研究问题进入当代经济及管理学视野的时间并不算长，但目前已经发展成为能源经济学领域的一个热点议题和重要研究领域。由于能源回弹效应的大小决定了提高能源效率对于降低能源消费的有效程度，因此如果能将回弹效应充分考虑到节能政策的制定中，就能够更加精确地度量和评估能效改进所获得的节能效果。因此对能源回弹效应的深入研究，可以为能源政策的合理制定与有效实施提供必要的理论依据和现实指导。目前我国学术界关注更多的是技术进步对能源效率的影响以及能源效率改进对能源消耗与碳排放的影响，能源效率改进所引起的能源回弹效应对节能减排的副作用还缺乏理论与实证研究。因此，本书以实现我国"十三五"节能减排目标为契机，基于能源回弹效应的视角，以直接、间接以及经济层面的回弹效应的测算为途径，从技术进步的角度研究能源效率改进所引起的回弹效应对我国节能减排的影响。

总之，虽然技术进步能够提高能源效率，但能源效率的改进却会引起一定程度的回弹效应。降低能源回弹效应对节能减排的重要性不容忽视，只有通过制定多管齐下的政策组合措施有效限制能源回弹效应的影响，才有可能保证我国"十三五"节能减排目标的实现。

目　　录

第1章 绪 论

1.1 问题的提出

能源安全问题已经演变为我国社会经济发展中影响全局的问题。节约能源、大幅度地改进能源效率是我国应对能源安全问题挑战的一条有效途径。目前，已有很多国际组织和专家一度把提高能源效率视为与煤炭、石油、天然气、核能并列的"世界第五大能源"。世界能源理事会（WEC）指出，整个世界能源效率的改善潜力仍然巨大，并且可行。国际能源署（IEA）也认为，能源效率的改进是满足全球能源需求最便宜、最快捷、最环保的方法，在对各类能源技术选择的过程中，应该将能源效率改进技术放在首位，最优先考虑；能源政策的三大目标是安全供应、环境保护与经济增长，而改善能源效率是实现这三大目标的首要途径。

尽管现阶段我国的节能减排已经取得了较大成绩，但总体来看，目前我国能源效率仍然偏低，无论是在能源开采、加工转换、贮运、终端消费和回收利用等方面，还是在经济结构调整方面；无论是在能源资源配置，还是在能源要素利用方面，我国的能源利用效率都与发达国家存在较大差距，改进空间较大。例如，我国能源二次利用率较低、能源浪费现象非常严重、能源价格机制远未理顺、节能激励效果更是欠佳等，这其中当然也有不可克服的客观原因。在我国国家法规和能源政策方面，能源效率与节能问题逐渐受到更多重视，能源节约已经成为我国的一项基本国策，我国能源战略基本内容的第一条就是"坚持节约优先"。

一般认为，能源效率的提高将有助于节约更多的能源，从而使能源消费总量降低，因此，提高能源效率是减少能源依赖、保证能源供应安全和可持续的一个关键机制。的确，提高能源效率是缓解能源消费压力的一条重要途径。但是在过去的几十年中，这一政策却得到许多学者的怀疑与批判，因为尽管企业和国家的激励措施都旨在提高能源效率，但能源消耗却持续达到前所未有的水平。已有的实证研究结果表明，因能源效率提高所引起的能源节约量，可能会被替代效应、收入效应和产出效应等机制所引发的新的能源需求部分甚至完全抵消。对这一现象发生的可能的解释原因就是能源效率的改进会促进该种能源服务的需求，而这些增加的需求会部分甚至全部抵消由能源效率改进所带来的预期能源节约量。这一原因也被称为回弹效应（Rebound Effect，RE）。世界著名科技期刊《自然》针对能源效率改进所引起的回弹效应的影响，意见颇有争论，其主要有两种态度：一方认为，能源回弹效应的影响不可小视；另一方认为，能源回弹效应所带来的影响被高估了。回弹效应问题的发现为研究技术进步、能源效率与能源消费之间的关系提供了一种崭新的视角，它促使学术界重新审视单纯借助技术进步改善能源效率，进而降低能源消费的政策思路是不是科学的、可行的。

1.2　研究背景

据我国国家统计局的数据显示，2011 年中国全国单位国内生产总值（GDP）能源消耗量较 2010 年的 0.81 吨标准煤 / 万元下降了 9.3%，低于 2010 年 9.8% 的降幅（图 1.1）。2011 年全年全国能源消费总量为 34.8 亿吨标准煤，较 2010 年增长了 7.1%（图 1.2）。其中煤炭消费为 23.8 亿吨标准煤，较上年增长了 7.72；同期原油消费为 6.47 亿吨标准煤，较上年增长了 4.84%；天然气消费为 1.74 亿吨标准煤，较上年增长了 21.7%；电力消费为 2.78 亿吨标准煤，较上年增长了 3%。自 1978 年以来，单位 GDP 能耗从 3.745 吨标准煤 / 万元下降到 2011 年的 0.74 吨标准煤 / 万元，年均下降 4%。国家统计局的数据表明中国的能源效率提升缓慢。

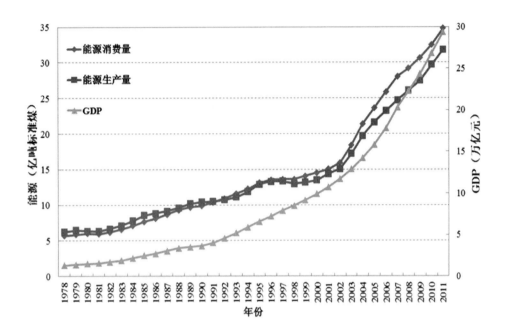

图 1.1 中国能源生产、能源消费与 GDP 历年走势（1978—2011 年）

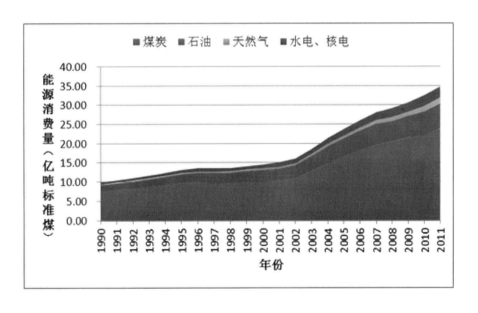

图 1.2 中国能源消费结构（1990—2011 年）

2010 年，中国超越美国成为第一大能源消费国，全年能源消费总量为 32.5 亿吨标准煤，较上年增长 5.9%。中国消费了占世界 20% 以上的能源，但国内生产总值（GDP）却不足世界的 10%；人均能源消费与世界平均水平基本相当，但人均 GDP 仅为世界平均水平的 50%。面对如此严峻的形势，中国政府将节能放在能源发展战略中的首位，在国民经济"十一五"规划（2006—2010 年）中提出，基于 2005 年基础，将 2010 年单位 GDP 能源消耗降低 20%（大约相当于节约 6 亿吨标准煤）。实际上，我国 2010 年单位 GDP 能耗较 2006 年降低了 19.6%，基本实现预定目标。在 2011 年 3 月，我国政府在《国民经济和社会发展第十二个五年规划纲要（草案）》中再次提出将 2015 年全国万元 GDP 能耗（能源强度）降低 0.869 吨标准煤（按 2005 年不变价格计算），较 2010 年的 1.034 吨标准煤下降了 16%，较 2005 年的 1.276 吨标准煤下降了 32%，实现能源节约 6.7 亿吨标准煤。在经济快速发展与能源供给日益紧缺、减排压力不断增大、矛盾明显加剧的背景下，我国政府已将改进能源效率视为缓解这一矛盾、应对能源和气候变化挑战的有效途径，也在积极寻求通过立法、技术创新、财税政策、政府规划目标等途径来试图提高能源效率，从而达到节能减排的目的。

能源回弹效应问题进入现当代经济学与管理学视野的历史并不算长，但迄今为止，其已经发展成为能源经济学领域的一个重要命题。贝尔库特（Berkhout）等将这一命题的含义概括为：虽然技术进步能够提高能源效率、节约能源，但是在能效提高的同时，产品的单位生产成本与价格也会随之下降，进而引起相关产品需求和消费的增长，从而引发更多的能源消费，最终会导致能效改进所节约的能源被额外的能源消费部分抵消甚至全部抵消。

快速发展中的中国经济，未来无疑将面临节能减排的更大压力与能源供需矛盾的严峻挑战。如何以最小的能耗来实现经济的稳步增长与产业结构的同步升级，通过努力降低能耗，使得在促进经济增长的同时有效防范能源短缺可能带来的风险，实现经济、能源与环境的协调发展，已经成为我国社会经济发展中一个亟待解决的问题。能源回弹效应理论的研究与运用无疑为解决这一问题提供了新的思路与机遇，因为回弹效应的大小决定着能源效率提升对降低能源消费的有效程度。如果在能源政策制定时，充分考虑回弹效应，并对其加以测算，就能够更加精确地度量和评估能效改进可能取得的节能效果。因此，在我国节能减排形势日益严峻的背景下，亟须我国学术界充分借鉴国际上研究回弹效应的相关经验与研究成果，并结合我国国情，对我国各层面的能源回弹效应展开系统而深入的研究，从而为我国能源政策的合理制定与有效实施提供必要的理论依据和现实指导。

1.3　研究意义

1.3.1　理论意义

从理论研究的角度来看,关于能源效率改进与能源消费间相互影响关系(能源回弹效应)的研究是能源经济学研究的一个重要部分。其研究内容主要包括能源效率提高对能源消费的影响、能源回弹效应大小的测算以及各种影响能源效率的因素对能源消费的影响效果,同时也包括政府如何维持有效的能源市场机制,制定合理的能源价格与税收政策,从而降低能源消费总量、有效地保护环境等。目前,国外关于这方面的研究成果相对较多,研究所涉及的内容也较为丰富,而我国关于能源回弹效应的研究并不算多,尤其是实证研究更是少之又少。本书将基于我国的实际情况,从理论上对该问题进行详细的定量分析与定性分析,尤其是将根据能源回弹效应作用机制的分类,选取中国城镇居民用电的直接回弹效应与间接回弹效应以及中国整体经济层面的回弹效应进行更为全面、准确的测算。本书在测算方法改进、变量的选择处理及相关模型构建方面均对现有文献有所补充和贡献,初步弥补了我国在能源回弹效应测算及理论方法研究方面的空白。

1.3.2　现实意义

目前,我国正处于结构调整、经济转型的关键时期,也是城镇化水平与居民消费结构发生明显变化的阶段。这一系列的变化大大激发了能源消费的急速增长,使得我国能源供需不平衡的状况日渐突出,国家能源安全面临极大风险。能源利用率低、能源消费结构不合理、环境污染严重等问题在一定程度上又制约着我国国民经济的发展。为了精确掌控我国能源效率提升对能源消费的影响,完全有必要对我国过去几十年间的能源回弹效应进行较为全面、准确的测算。在本书研究成果的基础上,能源政策制定与决策部门能够更为准确地掌握我国能效政策对能源消费的影响及变化情况,进而制定出更为科学合理的能源消费政策,更有效地推进节能技术创新,在促进能源效率提高的同时减少更多的能源消费。因此,本书的研究具有重大的现实意义。

1.4 概念界定

1.4.1 节能

节能的一般定义："节能是一种减少能源使用量的实践。"其实现的途径主要有两种：一是通过改进能源利用效率实现在产出不变或者满足能源服务需求不变的条件下，减少能源的消耗；另一种则是通过减少能源服务的消费，避免或减少不合理的产品产出或服务需求，从而减少能源的消耗。

对于已经实现工业化的欧美等发达国家，由于其人口增长缓慢，其能源开发与利用设施的数量也趋于饱和，能源服务需求增长缓慢，其只需改进原有用能设备的能源利用效率，或者运用一定的政策引导就可减少能源服务，实现能源资源的节约，节能问题相对简单，属于静态节能。

而对于正处于工业化、城镇化进程加速的发展中国家来说，人口仍然在继续增长，基础设施也远未饱和，因此能源服务需求正处于快速迅猛增长阶段，节能问题有很大的不确定性。现阶段，我国除了维持现有基础设施运行的能耗外，人民群众日益增长的物质需要又导致新的能源服务需求接踵而至。例如，新增能源设施的运行能耗以及因能源设施设计寿命或者功用不足所带来的建设能耗造成了能源的大量浪费。同时，我国对未来经济发展、产业结构和技术发展具有很大的不确定性，这也导致我国未来节能任务将面临很大的不确定性。

我国的节能途径主要有以下三个方面。

①制度节能：通过对社会制度安排与宣传教育，对未来的能源服务基本水平，包括产业结构和居民生活水平等，进行正确的定位与主动的引导，倡导节能优先的生产与生活方式，避免盲目扩张产能所造成的奢侈浪费。该途径本质上是提高居民节能意识，降低终端能源服务需求，进而减少终端能源消费量。

②系统节能：通过科学地规划引导与系统协调，避免在经济发展过程中，由重复建设、过度建设与缺乏协调所导致的建设型能源的浪费。该途径本质上是降低建设型能源服务需求，减少能源使用量。

③技术节能：持续改进现有能源设备的能源效率，尤其是需求侧的效率，减少单位能源服务产出的能源消耗，又可以分为渐进性技术节能和根本性技术节能。除了改进现有用能设备的能源效率外，还应该加强一些根本性的技术创新，探寻谋求能源效率的跨越式提升。

我国的"十三五"规划明确提出，到 2020 年，单位国内生产总值能耗比 2015 年下降 15%，能源消耗总量控制在 50 亿吨标准煤以内，煤炭消费总量控制在 41 亿吨以内。单位国内生产总值二氧化碳排放比 2015 年下降 18%。毫无疑问，这些政策规划都将促进我国的节能减排。但在乐观之余，同时我们也必须认识到，我国节能政策的实施仍然需要配套市场机制支持。另外，这些能源政策主要对技术节能有效，对制度节能与系统节能缺乏足够的效力，这导致未来能源消耗总量和二氧化碳排放总量存在较大的不确定性。为控制 2050 年前的总体消耗，我国节能在社会制度和道德、文化建设方面尚需要付出巨大的努力。

1.4.2　技术进步

技术进步泛指通过对现有技术的研究、发明、开发、创新，开发出新的技术来代替旧的技术，实现技术的更新，最终达到实践应用的目的。技术进步包含狭义和广义两层含义，狭义上主要是指生产工艺、中间投入品和制造技能等方面的变革与改进，仅仅是指科技领域的创新；广义上则是指所有技术层面的各种形式知识的积累与改进，包含科技创新、管理创新、制度创新、理论创新等。英国经济学家希克斯（Hicks）指出：根据技术创新对资本边际生产力与劳动边际生产力的影响，分为资本节约型、劳动节约型与中性技术进步三类。资本节约型技术进步是指技术进步对资本边际生产力的影响小于对劳动边际生产力的影响；反之，劳动节约型技术进步则是指技术进步对资本边际生产力的影响大于对劳动边际生产力的影响；中性技术进步是指技术进步对资本和劳动的边际生产力的影响程度基本相同。基于技术是否体现资本设备视角，又可以把技术进步分为物化性技术进步与非物化性技术进步。若技术隐含于产品中并通过使用这些产品提高生产率，进而实现技术扩散则称为物化性技术进步，而基于专利、软件著作权、期刊等形式的技术进步则属于非物化性技术进步。

技术进步通常仅限于能够提高生产效率的技术因素，包括新的科学技术的运用与生产组织的变革。技术进步能够促进我国能源效率的提升。相关研究通过综合考虑产业结构调整、技术进步等多种因素作用对能源效率的影响，发现技术进步的确能够对能源效率的改进起到促进作用。另外，我国一些学者对我国工业部门的技术进步对能源效率的影响也做了大量研究。通过将广义技术进步分解为科技进步、规模效率及纯技术效率，对我国 35 个工业行业样本进行分析，李廉水和周勇发现，对于提升工业部门能源效率而言，科技进步的作用远大于纯技术效率。魏楚等通过将能源效率的变化分解为能源技术进步的变化与能源技术效率变化两部分，发现1994—2003年技术进步对我国钢铁行业的能效提升起了关键作用。成金华和李世祥通过分析我国不同时期的工业部门相关生产数据，指出技术进步是我国工业部门能效提升的主要因素。王姗姗和屈小娥指出技术进步是我国制造业全要素能源效率提升的重要原因。吕小明指出要提升各个产业的能源效率，各产业的技术进步是关键。要提高全国整体能源效率，必须依靠技术进步。李春发等发现1998—2008年天津市技术进步对工业行业能源效率的提升具有促进作用。

国内外也有相关研究基于研发投入等多种不同的指标来替代技术进步这一因素，研究技术进步对能源效率的影响。费舍尔·范德（Fisher-Vander）等认为技术研发活动是企业能源效率提升的主要原因，来自企业内部的自主研发创新比通过市场购买先进技术对能源效率的改善作用更为明显。赵娅指出借助国家的科研支出表示的技术投入对能源效率的提高程度超过产业结构调整和能源消费结构调整对能源效率的影响。徐士元发现加大科技投入、加速人力资本形成和促进外商直接投资的吸收和利用对我国能源效率的提高具有长期效应。滕玉华基于2005—2007年中国30个地区工业面板数据的研究分析表明，自主研发与区域工业能源效率提升显著正相关，国外技术引进与区域工业能源效率提升显著负相关。他又基于1998—2006年中国工业部门32个行业的面板数据研究表明，国内工业行业的研究与试验发展（R&D）资本投入能够显著促进工业部门的能源效率提升，通过国际贸易渠道的R&D溢出能够促进低能效行业的能源利用效率。于宏洋指出工业行业内部R&D投资的增长能够显著促进工业部门全要素能源效率的提升。此外，有些文献采用专利授权数、劳动生产率、教育经费投入占GDP的比重反映技术进步对能源效率的影响。

尽管有许多研究指出技术进步能够提高能源效率、能够节约能源资源，但也有研究指出迅速增长的经济会导致更多的能源需求，从而部分抵消甚至全部抵消能源效率提高所节约的能源，这两种作用的累加会导致"回弹效应"的发生，可见技术进步对能源效率的影响并非预想的那么简单，而是越来越趋于复杂化。

1.4.3 能源效率

通常，可以将衡量或评估某一国家、地区或部门能源效率与节能空间的方法与指标归纳为两大类，一类是能源技术效率指标，另一类则是能源经济效率指标。前者多基于微观分析，后者多基于宏观研究。

能源技术效率（热效率）指的是能源使用过程中所获得的有效能源服务量与实际输入能源量的比值，它是一项由总体能源结构、产业用能比重、能源利用技术等多种因素构成的综合用能指标。国际上通常采用热物理指标来比较分析能源技术效率，即在能源的开采、加工转换以及储藏与运输过程中，所获得的有效能量与实际输入的能量的比值，理论上表现为能源生产、中间环节的效率与终端利用效率之积。鉴于此，能源技术效率（热效率）的测算相当复杂，需要大量的动态数据，且终端能源利用效率很难准确测算，且有时还需考虑能源价格与环境因素的影响。因此，本节所指的能源技术效率直接忽略开采、加工转换及储运过程的耗损率，将能源的技术效率直接认为是能源的终端利用效率。

能源经济效率指的是产出单位经济量（或实物量、服务量）所需的能源消耗量。宏观经济层面的能源效率通常指单位 GDP 能耗，单位 GDP 能耗即通常说的能源强度（Energy Intensity），表现为一国（或地区）发展阶段、经济结构、能源结构、设备技术工艺和管理水平等多种因素形成的能源消耗水平与经济产出之间的比例关系。单位 GDP 能耗从投入和产出的宏观比较来反映一国（或地区）的能源经济效率。微观经济层面的能源效率一般为单位产品产出的能源消耗量。主要能源消耗产品的单位能耗通常被用来作为产业层面的能源经济效率指标。

根据世界能源理事会的定义，能源效率为实际所获得的能源服务产出量与名义能源投入量（或者使用量）之比。在终端用能方面，能源效率有时也被定义为所获得的能源服务量与实际能源消费量的比值，即 $\varepsilon = \dfrac{S}{E}$，其中 S 表示能源服务，E 表示实际能源消费量（实际能源使用量），ε 为能源效率。能源效率的改进意义在于，人们可以通过较少的能源投入来获得更多的能源服务。

目前，学术界对能源效率定义的认识基本一致，但是，对能源效率内涵的认识仍然存在一些争议。正如前文所述，能源效率可以分为能源经济效率和能源技术效率两个方面，前者表现为能源强度，后者表现为单位产品能耗。能源经济效率往往会受到能源技术效率的影响，同时也会受经济结构的影响。因此，从宏观层面来看，提高能源效率可以通过两个途径：一是提高产业间的能源配置效率，即通过产业结构的调整与升级，实现能源由低能效部门向高能效部门转移；二是提高产业内的能源利用效率，即通过能源效率管理，节能技术的推广、开发和应用，提高单位能耗的产出。但是，目前国际社会对于能源效率管理的认识不仅仅局限于节能技术方面，而是强调在综合考虑技术、经济、社会、环境等诸多发展因素的基础上，通过分析能源需求趋势和节能潜力，进行节能项目的改造和能源结构的优化，选择低成本、低污染的能源解决方案，以获取最大的经济、社会和环境效益。

1.4.4　能源效率与能源节约

很多文献或者政府政策文件将"能源效率改进"与"能源节约"混淆使用，不做区分。我国新修订的《节约能源法》指出，"能源节约"是指加强用能管理，采取技术上可行的、经济上合理的及环境与社会可接受的措施或者方法，从能源生产到能源终端消费的各个环节，降低能源消耗、减少能源损失与污染物排放、制止浪费，有效合理地利用能源。全国能源基础与管理标准化技术委员会于 1991 年编著的《能源基础术语》也指出，"能源节约"就是通过采用科学的管理方法与先进的技术，在能源使用的各个环节提高能源的有效利用程度。爱思唯尔（Elsevier）公司出版的《能源大百科全书》把"能源节约"定义为"在不降低生活水平的前提下通过改变技术与管理政策来减少能源的消耗，它是一种科学的用能方式"。

从总体来看，能源效率改进与能源节约概念基本上是一致的，但略有差别，能源效率的含义要广泛一些。能源效率侧重于能源服务与能源的经济含义或者社会效益，而能源节约则更侧重于减少能源消耗与实物含义或者物理含义；能源效率一般基于系统角度分析，能源节约通常侧重于局部分析。尽管二者区别不大，但是由于二者影响因素的不同，在宏观实践中应该加以区分，才能做到更有效地节约能源。在构建能源经济模型或者制定能源宏观政策目标时，能源效率通常会追求单位 GDP 能耗（或单位增加值能耗，单位产品能耗）下降，而不会在意具体绝对量的减少。但是在具体的能源建模研究中，由于目标函数不同，各模型的变量也是根据具体实际情况来设定的，所得结果往往也会有所差异。不考虑资本节约与能源节约的能源效率改进，在实际中通常行不通。

笔者认为，"能源效率改进"的表述较"能源效率提高"的表述更为恰当。从管理科学或者系统科学的角度来看，"能源效率改进"是一个多目标规划问题，而"能源效率提高"是一个单目标规划问题。在宏观层面的实证研究中，由于数据获取比较难，为保证测量方法可行，通常把基于能效改进的多目标规划问题转化为能效提高的单目标规划问题。诚然，若在实际能源消费量核算过程中能够考虑各类能源的异质性以及不完全替代性，得到的结论对决策制定应该是有力的支撑。从各种相关实证研究来看，无论是从长期还是短期，能源效率都是变化的、动态的，因此，从管理科学的视角来看，能源效率改进应该属于动态规划问题。

1.5　研究内容

1.5.1　研究目标

回弹效应是检验能源效率改进对实际能源消费降低有效程度的标准之一，也是检验、甄别宏观能源政策效力、效果的指标之一。目前，在理论上，产业结构调整与技术进步能够促进能源经济效率的提升已经为学术界和政府部门所认可，在实践中也得到了广泛的应用。但是，相关能源政策的实施是否真正起到了效果，能效改进引起的回弹效应影响有多大，这些问题无论是在理论上还是在实践上都需要进一步的探讨。本书拟通过对能源回弹效应问题的具体含义分析、理论演进剖析来分析其作用机制，并构建测算各层面回弹效应的计量经济模型，以期缩小我国能源经济领域回弹效应理论研究滞后于实证研究的差距，并为我国政府在经济发展战略目标框架下制定科学有效的能源政策措施提供基础的和客观的参考，从而实现我国经济、能源与环境的全面协调可持续发展。

1.5.2　研究内容与研究结构

本书在综合分析国内外能源回弹效应含义、理论演进及实证测算研究等相关文献的基础上，系统阐述了直接、间接与整体经济层面的能源回弹效应的作用机制与测算方法。笔者依据本书的主要问题，结合各章节间问题的层层递进关系，将本书的主要内容划分为 9 个章节，其中 6 个章节为本书的核心部分。本书的核心内容主要包括以下 6 个方面。

1.5.2.1　能源回弹效应理论演进分析

在现有研究基础之上，本书力求从一种更为开阔的学术视野，对回弹效应的含义界定研究进行总结，将不同研究阶段和不同研究视角下能源回弹效应研究成果的演进脉络和最新进展，尽可能全面地纳入讨论框架，重点对回弹效应理论演进脉络和最新进展进行梳理和评述，对回弹效应实证测算研究则进行分类归纳总结，提炼其精要，比较其优缺点。

1.5.2.2 我国城镇居民用电直接回弹效应的测算

在现有直接回弹效应测算方法的基础上，本书以我国城镇居民用电为例，将天气与人口等相关因素考虑在内，构建我国城镇居民用电消费双对数需求模型。为避免受到我国居民用电价格的非对称性影响，本书引入能源金融中常用的价格分解模型，进行对数分解，并运用能源需求的价格弹性来间接测算长期回弹效应。而短期回弹效应的测算则借助面板误差修正模型进行估计。并对能源价格的外生性进行 Hausman（豪斯曼）检验。

1.5.2.3 我国道路货运直接回弹效应测算

本书基于双对数模型和误差修正模型估算我国各地区道路货运部门的长期与短期直接回弹效应，分析短期与长期回弹效应的关系，剖析我国道路货运部门能源消费的回弹效应与城镇化增长率变化之间的关系。该部分研究的主要意义在于通过测算能源回弹效应来评估燃油经济性改进项目的实施效果。

1.5.2.4 我国城镇居民用电间接回弹效应的测算

本书对现有间接回弹效应测算方法进行改进：首先构建了我国 8 部门能源投入产出模型，将节约再支出引入居民消费支出均衡模型；其次设置了收入弹性、权重变化、按比例再支出三种情景来测算由能源效率提高所节约的消费支出，并通过能源投入产出模型，将三种情景下的再支出转换成所增加消费的能源（本书中能源消费特指电力消费）；最后根据能源回弹效应的初始定义，计算出了中国城镇居民用电的间接回弹效应。

1.5.2.5 北京市居民生活用电直接与间接回弹效应测算

本书基于影响北京市居民生活用电的影响因素，对北京市居民生活用电的直接与间接回弹效应进行了实证测算与分析；基于收入弹性、权重变化及按比例再支出三种测算情景估算出了北京市居民生活用电长期与短期间接回弹效应；剖析了北京市调整产业结构与能源结构的努力以及北京市的城镇化程度提高对城市居民生活用电回弹效应的影响。

1.5.2.6 中国宏观经济层面回弹效应的理论推导与实证测算

在宏观经济层面上，本书基于新古典经济增长理论的框架，采用中国改革开放后的全国宏观统计数据，依照桑德斯（Saunders）经济层面回弹效应的定义，基于 CD 函数的嵌套常替代弹性（CES）生产函数模型对中国整体经济层面能源消费的回弹效应进行了估算。在测算过程中，本书放松了以往研究的严格假设，在能源效率内生，规模报酬不变以及要素产出弹性可变的条件下，对能源回弹效应进行了理论探讨和实证测算。该测算方法更符合我国宏观经济的现实特征。

1.6　研究方法和技术路线

1.6.1　拟采用的主要研究方法

本书定位于应用基础研究，理论性与应用性、前沿性与现实性相结合，研究过程中注重生产经济学、能源经济学、环境生态经济学、宏观经济学、微观经济学和投入产出经济学等多学科方法的交叉运用，拟采用规范分析与实证分析、定性方法与定量方法、传统方法与前沿方法相结合的方法，具体方法如下。

①系统分析法：对中国能源消费的主要影响因素进行全面系统分析，现状分析拟采用统计分析、案例研究等方法。

②比较分析法：对国内外能源回弹效应研究发展状况、各种类别实证研究等进行横向比较，历史地、多角度地比较分析，寻找差距与创新点。

③归纳法：对相关理论研究与实证研究进行归纳。

④价格分解法：引入价格分解法，对非对称能源价格下的长期能源需求模型进行估计和测算。

⑤误差修正法：结合协整估计模型，对原长期能源需求模型进行误差修正，估计短期能源回弹效应。

⑥能源投入产出法：初步考虑拟采用 2007 年的《中国投入产出表》（135 部门）与《中国能源统计年鉴》中能源消费 8 部门划分数据，构建基于 8 部门的中国电力消费能源投入产出模型。

⑦情景分析法：结合中国能源投入产出 8 部门模型与居民消费支出均衡再支出模型，通过模拟收入弹性、权重变化以及按比例再支出三种再支出情景，测算由能源效率提高所引起的隐含能源消费，进而计算中国城镇居民用电间接回弹效应。

合理整合以上有关方法，使整个研究工作更具科学性和系统性。

1.6.2 研究技术路线

本书的基本思路如下：遵循理论研究与实证研究相结合、中国国情与发达国家经验相结合、前瞻性与现实性相结合的方针，以生产经济学、能源经济学、环境生态经济学、宏观经济学、微观经济学、计量经济学、投入产出经济学、可持续发展理论、资源管理学等相关基本理论为指导，以重大现实问题为导向，充分借鉴国内外相关理论成果与实证经验，立足中国能源消费与能源效率发展现状，分别提出适合中国国情的直接与间接以及宏观经济层面的能源回弹效应测算方法与模型，为相关政府部门统筹规划，制定限制相关能源回弹效应大小的政策提供了决策参考。研究技术路线如图 1.3 所示。

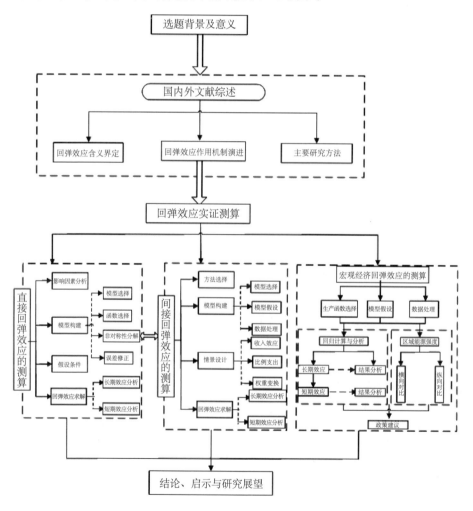

图 1.3 研究技术路线图

1.6.3 研究方案的可行性分析

本书具备研究开展的基本条件，无论是在理论与实证，还是在技术路线与计量方法上都具有良好的可行性。这主要体现在以下两个方面。

一是国外能源回弹效应理论与实证研究有可供学习借鉴的范例。从国际上看，发达国家十分注重能源效率改进对能源消费的影响程度研究，构建了一系列测算模型来估算该影响的大小，并出台了相关配套措施予以支持，也实践了一些减小回弹效应的相关措施，这些可以为本书充分借鉴国外能源回弹效应研究的经验和教训提供支撑。例如，21 世纪初，英国政府通过预先考虑英国家庭安装隔热设施活动所产生的回弹效应影响，较为准确地预测了隔热设施安装在实际中可能达到的节能效果。

二是国内能源消费数据、各类经济指标数据及人口与环境相关数据基础统计，政策制定与战略规划等相关领域已有一定积累。从国内情况来看，对宏观经济层面的回弹效应已经有了初步研究，而且无论中央与地方政府，还是各宏观管理部门以及各行业，近年来都越来越重视统计监测等基础性工作，并组织开展了大量节能减排相关战略规划与政策制定等领域的研究，这些工作为我们研究能源政策的影响，测算我国相关领域回弹效应的大小，制定限制我国各部门、各层面回弹效应的相关政策奠定了坚实基础。

1.7 主要创新点

本书将在研究内容、拟采用的研究方法、技术路线等方面做如下创新。

① 在研究内容安排上，理论与实证相结合，首次从能源回弹效应的理论演进的视角，对能源回弹效应的相关理论、测算方法、模型进行全面系统的研究，可望填补国内外相关领域的研究空白；同时课题注重成果的实用性、可操作性，拟以中国城镇居民用电为例，实现直接回弹效应与间接回弹效应的测算，实现成果的转化应用。同时对中国宏观经济层面的回弹效应研究，拟突破以往研究在基于技术进步外生、规模报酬不变这些严格假设的新古典经济理论框架下开展理论研究的传统思路，从效率内生化的视角重新构建回弹效应的理论模型，并对其机理进行阐释，进行更为准确的实证测算。这将更符合宏观经济的现实特征，据此所提出的节能政策思路也将更具参考价值和指导意义。

② 在研究方法上，注重生产经济学、能源经济学、环境生态经济学、宏观

经济学、微观经济学和投入产出经济学等多学科方法的交叉运用，实现规范分析与实证分析、定性方法与定量方法、传统方法与前沿方法相结合，综合应用综合评价、情景分析、技术路线图、政策矩阵分析等方法，实现多种方法的综合集成与创新。

③在研究技术路线上，一是坚持继承与创新相结合，力求在充分吸收借鉴、继承的基础上，使论文研究在高起点上实现再创新；二是坚持开放式研究，就论文不同阶段性进展成果，广泛听取采纳专家学者的意见和建议，博采众长，集学界内外智慧之精华，体现协同创新。

第2章 能源回弹效应理论与应用研究进展

能源回弹效应问题进入现当代经济学与管理学视野的历史并不算长，但迄今为止，其已经发展成为能源经济学领域的一个重要研究命题。贝尔库特等将这一命题的含义概括为：技术进步虽然能够提高能源效率，但能源效率在提高的同时也会降低单位产品的生产成本与价格，引起产品需求和消费的增长，进而引发更多的能源消费，最终导致由效率提高所节约的能源被额外的能源消费部分抵消甚至完全抵消。回弹效应问题的提出为研究技术进步、能源效率与能源消费之间的关系提供了一种全新的视角，它促使人们重新审视依靠技术进步改善能源效率进而降低能源消费的政策思路。回弹效应的理论机制、测算方法等相关研究内容也逐渐成为国外学者和政府部门关注的热点。

2.1 能源回弹效应问题的提出与争论

回弹效应的思想最早可以追溯到 1865 年，杰文斯（Jevons）在其经典著作《煤炭问题》一文中指出：“提高自然资源利用效率非但不会减少而且只会增加对资源的需求，因为效率的提高往往会引起生产规模的进一步扩大。也就是说，技术的改进与创新并不能有效地减少自然资源的消耗，相反却增加了各种自然资源消耗的总量。新技术的出现往往意味着新一轮更大规模的掠夺性开采与消耗自然资源的开始。”这一论断被称为“杰文斯悖论”（图 2.1）。杰文斯指出能源效率的提高与技术进步会相互促进。一方面，技术进步会推动全社会的变革与经济的迅猛增长，进而导致能源需求快速增加。另一方面，能源效率的提高，也会引起用能成本降低，带来经济效益，会激励企业继续推动技术进步。两者的共同作用将引致能源消费的大幅增加。杰文斯进一步利用蒸汽机的发明与煤炭消费量之间的关系来佐证上述观点。他发现，在蒸汽机未发明之前，煤炭的开采成本相对较高，其使用量也相对较少。而蒸汽机的发明导致能源开采与利用效率得到显著提升，煤炭开采成本大大降低，进而降低了煤炭的价格。同时，蒸汽机的发明促进了同时代的一些新的发明，如曲柄等一些新的能源机器工具不断涌现，这些新的发明又促使整个社会更为广泛地使用蒸汽机，进而引致对煤炭以及其他能源消费量的快速增加。从理论上讲，杰文斯悖论并不仅仅是关于能源效率改进与能源消费关系的论断，同时其也涉及了能源效率的提高对实际能源服务价格的影响、对整个国家产业发展水平的促进，以及对整个社会技术进步等方面的影响。

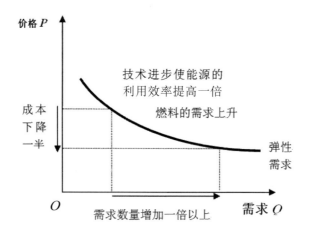

图 2.1　杰文斯悖论图解

杰文斯悖论作为回弹效应最原始的思想，为能源回弹效应问题的提出奠定了良好的逻辑基础。事实上，杰文斯悖论可被归类为回弹效应的几种可能情形之一，即当回弹效应大于 100% 时，就意味着杰文斯悖论的存在，这在相关文献中被称为"逆反效应"或"回火效应"（Backfire Effect）。虽然杰文斯悖论的提出引发了学者对能效政策有效性的质疑，但直到 20 世纪 90 年代后才逐渐引起学界的广泛关注与讨论。目前，能源回弹效应问题已经成为国内外能源经济学界的一个研究热点与难点。

在现代经济学文献中，最早关注回弹效应现象的是布鲁克斯（Brookes）和卡扎姆（Khazzoom）。布鲁克斯认为能源效率的改进能够阻滞全球温室气体排放的观点是站不住脚的。技术进步虽然有利于单个能源产品或能源服务效率的提高，但对于整个经济的能源效率而言，技术进步的作用未必始终能够促进能耗的降低，技术进步所带来的经济效益会引起消费者需求反应，使得技术进步产生的潜在节能效果并不能完全兑现，相反可能会促使能源消费需求进一步增长。卡扎姆也指出能源效率提高不一定会引起能源需求的下降，相反肯定会导致能源服务的上升。他的解释是能源效率提高往往会降低能源使用的边际成本，而实际成本的下降无疑会使能源服务需求增加，只要能源服务的需求保持对其成本具有足够的弹性，那么能源消费的实际减少与单位能源服务所消耗能源的减少就不是同比例变化的。

布鲁克斯和卡扎姆的研究是针对不同层面的、相互独立的研究，他们根据各自的发现提出这样一个假说："由于能源效率提高而释放的资金将会毫不延迟地用于经济的进一步增长，因而会大大加快资源的耗竭速度。"桑德斯将这一假说称为 KB 假说（Khazzoom-Brookes 假说），并首次在新古典增长理论框架下利用 CD 生产函数和 CES 生产函数，模拟了能源效率持续以每年 1.2% 的速度提高时产出和能源消费的变化情况，从宏观经济角度证实了 KB 假说成立的可能性。他认为 KB 假说符合新古典经济增长理论，当收入和其他商品价格不变时，能源服务的价格取决于能源要素价格和能源生产效率，这样的话，宏观经济系统层面的回弹效应就显得尤为重要，能源效率提高所产生的经济层面回弹效应可能会完全抵消所节省的能源消费量。桑德斯的研究使回弹效应问题引起学界更多的关注，并由此引发了一系列相关争论。

一些学者对于能源回弹效应持批评或乐观态度，认为回弹效应产生的后果并没有像一些文献中所说的那么严重。格鲁布（Grubb）认为能源效率的提高可以促使能源消费量减少，因为能源消费存在饱和度，可以将能源需求量限制在一定的范围之内。"饱和"意味着额外的能源消费所能带来的边际效益可以忽略不计。豪沃思（Howarth）也指出回弹效应并没有像一些文献所认为的那样大，因为能源服务存在饱和，而且能源成本通常只是生产能源服务的设备购买和运行总成本中的一小部分。莱特纳（Laitner）从历史经验和对美国宏观经济层面的分析中得出结论：与纯粹的技术分析相比，回弹效应使节能成果仅降低了 2% ~ 3%，在宏观经济层面，30% 的有效的成本技术节能可以产生 29% 的实际经济成本节能。因此，尽管存在回弹效应，但能效政策的最终结果是非常积极的。但亨延顿（Huntington）则持相反意见："我们可以预期单一种类的设备可能出现饱和现象，但是整个经济层面上的迅速饱和并不一定会出现，这是因为总是会有新的能源服务和节能设备涌现出来。"他认为没有实例或其他证据符合"饱和"理论。鲁宾（Rubin）的研究结果表明，即使在美国这样一个全世界最富有的、被认为是最有可能出现饱和的国家，也同样明显存在回弹效应现象。豪沃思利用一个新古典增长模型分析认为逆反效应不可能发生，但是桑德斯反驳说豪沃思所采用的较为特殊的列昂惕夫生产函数具有局限性，并证明了逆反效应至少在理论上是存在的。

能源效率与经济行为之间的关联似乎一度成为这场争论的核心之一。洛文（Lovins）认为节能消费者所受到的回弹效应的影响很小，回弹效应只是一些微不足道的影响，而卡扎姆反驳说洛文并未考虑到经济对效率改善所做出的反应，特别是效率改善之后所带来的能源价格下降、能源需求量上升的影响。冯·魏茨泽克（Von Weizsäcker）认为卡扎姆的观点也可以用来驳斥莱特纳的论断，因为莱特纳同样没有从经济层面抓住问题的实质。相反，针对布鲁克斯的观点，格鲁布提出经济发展规律引起的能效提高和外部政策主导的能效改进在效果上是存在本质差别的，后者往往与市场的无效性相联系，而市场驱动型的能效提高所诱发的能源价格下降对经济活动的影响并不大，因此也就不会影响到能源消费。沿袭格鲁布的观点，席佩尔（Schipper）和格鲁布进而指出回弹效应在成熟经济的成熟部门中是很小的，它仅在一些特例中具有较大的潜在影响。能源强度的降低几乎总是能引起能源消费的降低。当然，整个经济系统的规模随人口规模、家庭结构、收入和部门产出的攀升而在不断地增大。因此，人们可以发现在一段足够长的时间范围内，即使能源效率没有被改进，能源消费还是会增加。他们得到的结论是，效率本身的改进只是导致能源消费总量增长的一小部分原因而已。布鲁克斯则对其进行了反驳，他认为能源效率改进的支持者们并未注意到能源效率所引起的宏观经济反馈结果，能源与环境保护论者自下而上的测算宏观层面的能源节约的方法，完全忽视了其他宏观经济因素对能源效率的影响。微观经济层面能源效率的提升无疑可以带来同等层面能源消费的减少，但在国家层面或宏观经济层面，由于经济增长的原因，能源消费反而可能会增加。因为能源效率的改善会使得能源比其他要素廉价，会促使能源要素对其他生产要素的替代，增加能源需求，而且技术进步往往伴随着经济的快速增长，这又会带来额外的能源需求。因此，如果仅仅是为了实现降低或稳定能源消耗的目的，技术进步远远不能解决此实际问题。

尽管关于回弹效应的争论还在继续，但至少学界对于回弹效应的客观存在性已经基本达成了共识，目前主要的争论点已经转向于回弹效应的大小及其影响程度。一些研究者认为回弹效应的影响是很小的，贝尔库特与哈斯（Haas）和贝尔比奇（Biermayr）等学者甚至认为回弹效应可以被忽略，而另一些学者则认为回弹效应的影响是明显的，应该对其予以高度重视。格瑞宁（Greening）等通过对以美国为研究对象的相关实证研究总结回顾后发现，在回弹效应的影响程度方面并不存在一定之规，但回弹效应的影响范围确实是广泛的。事实上，回弹效应的大小和影响程度在不同国家之间的差异，也主要源于各国能源使用成本和能源服务预期需求的不同。因此，根据现有研究的结论我们完全有理由相信，由于不同国家和经济部门之间存在不同的消费特征和能源利用方式，而微观经济层面的消费者和宏观经济层面的国家对这些差异的反应也是不同的，所以回弹效应的影响程度也根据不同条件和不同对象而有所差异。

虽然在研究结论上存在分歧，但在研究思路上现有研究具有明显的共通之处，就是均认为回弹效应与各要素之间的替代弹性是密切相关的，因为要素替代弹性可以对价格弹性进行全面而有效的度量。在通常情况下，能源服务的价格弹性可以用来替代能源回弹效应，其估计值越高，回弹效应就越大。这可能会导致一种尴尬的情形出现，即在消费者具有较高的价格弹性的条件下，政府希望通过实施能源税或碳税来降低能源消费的愿望将会受到回弹效应的沉重打击。

毫无疑问，这些学术争鸣在很大程度上推动了回弹效应理论的发展与完善，并使这一议题得到了学界与政界的广泛关注。自 1992 年 KB 假说被提出以来，经过近三十年的发展，国外对回弹效应的研究成果已经非常丰富，相关研究大体上可分为回弹效应的含义界定、理论演进、经验证据等三大方面，下文分别对其进行总结和评论。

2.2 能源回弹效应的含义界定

对能源回弹效应的概念和含义进行准确而严谨的界定，是进一步对其开展理论研究和经验考察的必要前提，是一项极其重要的基础性研究工作。

自布鲁克斯开始，虽然学界对能源回弹效应的相关研究已经进行了三十多年，但对于回弹效应的含义界定尚未形成统一观点。在 KB 假说被提出后，陆续有学者对此进行了探讨，但普遍是对 KB 假说的延伸。其中贝尔库特等对回弹效应的定义进行了专门的较为系统的阐述。他们指出对回弹效应的讨论需要借助于对其含义的清楚界定，并将回弹效应解释为：如果技术进步能够使生产设备获得更高的能源效率，那么在其他条件不变的情况下，使用同等数量的生产设备生产同等数量的产品就需要更少的能源。由于具有更高的能源效率，生产设备的单位生产成本会降低，而价格的下降通常会引起消费的增加。由于人们趋于消费更多的生产性服务，因此这些来自生产设备的额外的需求就意味着更多的能源消费。其中预期节能量减少的部分即回弹效应所产生的消费量，比如 10% 的回弹效应，就是指技术进步引致的能源效率改进可带来的能源节约量中有 10% 被增加的能源消费所抵消了。他们还在合理性偏好和完全信息的假设条件下，分别从生产者和消费者的角度，在一个新古典增长框架下对回弹效应的发生机理进行了解释，并将技术进步的影响分为微观个人层面的一阶和二阶反映，以及宏观经济层面的高阶反映。他们对回弹效应的定义和阐释不仅适用于卡扎姆所描述的单个商品的情形，也适用于存在多个商品的条件，不仅限于微观经济层面的视角，也从宏观经济层面对回弹效应进行了描述。因此，他们的研究成果对于后续研究具有非常重要的影响和参考价值。

虽然后续研究者在贝尔库特等的研究基础上，从各自不同的研究对象、研究方法以及研究时间跨度出发，对回弹效应的内涵给出了不尽相同的界定，但根据研究视角的不同，这些界定基本上可被划分为宏观经济含义与微观经济含义两大类。

在宏观经济层面，根据贝尔库特等的界定，一些文献将回弹效应直接用公式表示为：

$$RE = \frac{PS-AS}{PS} \times 100\% = (1 - \frac{AS}{PS}) \times 100\% \qquad (2.1)$$

其中，RE、PS、AS 分别表示回弹效应、预期节能量和实际节能量。

式（2.1）虽然对回弹效应的定义进行了直观的诠释，但由于其中的预期节能量和实际节能量都是绝对量，很难用经济学方法准确地估测出来，因此，这一直观定义也难以被应用于实证分析中。

桑德斯从宏观经济层面对回弹效应的含义界定研究也比较具有代表性。他将生产函数设定为 $Y=f(K, L, \varepsilon E)$，其中 Y、K、L、E 分别代表产出、资本、劳动和能源消费量，ε 为能源效率参数，而 $S = \varepsilon E$ 为所获得的实际能源服务，ε 增加意味着节能潜力、节能空间的扩大。桑德斯还将能源效率提高所引起的能源消费变化定义为能源消费对能源效率的弹性 $\eta_\varepsilon(E)$：

$$\eta_\varepsilon(E) = \frac{\mathrm{d}\ln E}{\mathrm{d}\ln \varepsilon} = \frac{\mathrm{d}E}{E} \frac{\varepsilon}{\mathrm{d}\varepsilon} \qquad (2.2)$$

这样，回弹效应 RE 可以被定义为：

$$RE = 1 + \eta_\varepsilon(E) \qquad (2.3)$$

根据式（2.3）可知回弹效应存在以下五种情形。

① $\eta_\varepsilon(E) > 0$、$RE > 1$ 时为逆反效应，如图 2.2（a）所示。此时实际能源消

费量大于初始能源消费量，即能效改进政策不仅没有使得能源消费减少反而增加了。很多发展中国家的节能减排成效被快速的人口与经济增长所带来的新的能源需求所抵消，就属于这种情形。

②$\eta_\varepsilon(E)=0$、$RE=1$ 时为完全回弹（Full Rebound），表示能效政策完全失败，即图 2.2（b）中绿线与蓝线重合时的情形。

③$-1<\eta_\varepsilon(E)<0$、$0<RE<1$ 时为部分回弹（Partial Rebound），这也是一种最常见的情形，如图 2.2（b）所示。此时实际能源消费量大于预期能源消费量，但小于初始能源消费量，因此，存在积极的节能效果。这种情形更易于出现在一些人口规模与经济增长稳定的发达国家。

④$\eta_\varepsilon(E)=-1$、$RE=0$ 时为零回弹（Zero Rebound），表示预期的节能效果完全实现，如图 2.2（c）所示。这是一种理想状态，不存在任何回弹效应，即实际能源消费量与预期能源消费量完全相等，技术进步和能效提高的节能潜力完全被实现。该情形是研究回弹效应的一个基准情景（Base Line Scenario）。

⑤$\eta_\varepsilon(E)<-1$、$RE<0$ 时为超级节约效应，如图 2.2（d）所示。这是一种最完美的状态，此时的实际能源消费量比预期能源消费量要更小，是可持续发展所追求的最理想的结果，这种情形的出现取决于技术进步与国民节能意识提高的共同作用，因此也需要在人口规模与消费规模控制上做出较大的努力①。

图 2.2 对上述几种情况进行了描述，即给出能源效率由 ε_0 提高到 ε_1 后，能源消费和能源服务的潜在和实际变化情况。蓝线为能源效率未改变时的初始能源消费水平（E_0），绿线表示能源效率提高所带来的潜在的最低能源消费水平（E_P），红线表示能源效率提高后的实际能源消费水平（E_A）。因此，蓝线和红线之间的部分即实际能源消费的变化量，而绿线和红线之间的部分即回弹效应所引起的能源消费增加量。

显然，在进行实证分析时，只要知道实际的能源消费量，并利用经济增长理论估算出能源效率 ε（能源增进型技术进步）②，就可以通过式（2.3）对回弹效应进行测算。因此，与式（2.1）相比，式（2.3）对于开展相关实证研究而言更具实际的参考和应用价值，而这一界定及其各种变形也被较多地应用于相关研究中。总体来看，对回弹效应的宏观经济界定思路相对较为统一，只不

---

① 桑德斯从理论和数量关系上均证明了这种情形是可能存在的。

② 显然，这完全可以通过经济学的相关数量方法予以实现。

过不同的研究者采用不同的生产或成本函数设定形式，所得到的回弹效应的具体表达式是存在差异的①。

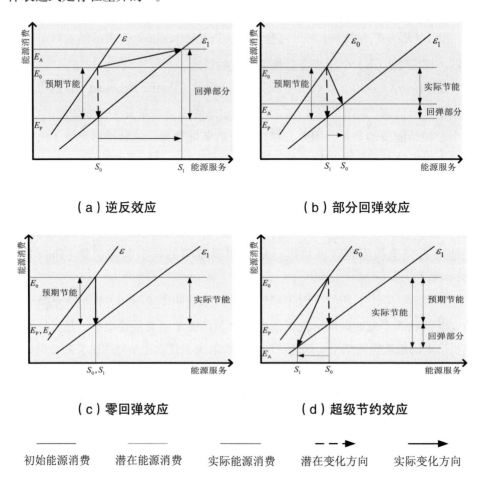

（a）逆反效应　　　　　　　　　（b）部分回弹效应

（c）零回弹效应　　　　　　　　　（d）超级节约效应

────────　　────────　　────────　　----→　　────→

初始能源消费　　　潜在能源消费　　　实际能源消费　　　潜在变化方向　　　实际变化方向

图 2.2　能源回弹效应的不同情形

对回弹效应的微观经济含义界定，大多被用于探讨能源效率改进对家庭、企业等微观主体能源消费的影响效果。在相关文献中，索雷尔（Sorrell）和季米特罗普洛斯（Dimitropoulos）的研究最具代表性。他们对相关研究涉及的 8 种代表性的回弹效应的微观经济界定及其特点或不足进行了详细的归纳和比较，并阐明了效率弹性所反映的工程学定义和价格弹性所反映的经济学定义之

────────────

① 桑德斯对此进行了系统的研究，证明了回弹效应的测算结果，对于生产和成本函数的设定形式具有明显的敏感性，而事先选取的要素替代弹性参数也直接决定着回弹效应的大小。

间的关系，尤其阐释了回弹效应的不同测算结果是如何由能源服务的不同度量方式而产生的。他们基于卡扎姆对回弹效应的最初界定，提出了对回弹效应进行严格界定时需要遵循的三个简化假设：①在提供能源服务的总成本中，资本成本是一个重要组成部分；②能源效率应该被视为内生变量来处理；③在对能源服务生产的时间机会成本含义进行讨论时，需要着重强调时间效率改进对能源消费所产生的效果、时间成本对回弹效应的影响，以及存在时间并行回弹效应这三个因素的作用。索雷尔和季米特罗普洛斯将回弹效应的 8 种微观经济学定义分为以下 5 类：①能源服务需求对能源效率的弹性；②能源服务需求的价格弹性；③将能源效率与其他投入成本（如资本）之间的相关性考虑在内；④将能源效率视为内生变量；⑤将能源服务生产和消费过程中的时间成本和时间效率考虑在内。

通过比较分析，索雷尔和季米特罗普洛斯发现虽然基于能源需求的价格弹性的定义最常被应用于相关研究中，但由于未考虑价格的波动性、能源效率与其他投入成本之间的正相关性、显著的资本成本、价格因素所带来的效率改进、能源效率的内生性、能源效率与时间效率之间的负相关性等相关因素，这些研究具有高估回弹效应的潜在可能，尤其是那些采用能源需求价格弹性来反映直接回弹效应的研究工作具有明显的缺陷。

2.3　能源回弹效应的理论演进

自布鲁克斯首次对能源回弹效应现象予以关注以来，学界就从未停止过对其发生机制的理论探索。但与对回弹效应的界定研究方面存在明显的分歧相比，学者们对其进行理论阐释的思路较为统一，除少数文献外，大多数相关研究均遵循着新古典经济理论的框架和逻辑。在研究结论上，回弹效应在理论上的存在性几乎已经完全被学界所接受，大多数研究认为其产生的根源主要在于能源需求者（消费者和生产者）的能源使用成本最小化与个人（厂商）能源服务效用（利润）最大化之间的矛盾。大体上，相关理论研究成果的演进可被划分为以下四个阶段（方向）①，其中桑德斯和格瑞宁等是两个显著的分水岭。

---

①　需要说明的是，本书主要按照大致的演进脉络和理论基础（研究方向）对相关理论研究进行了归纳讨论，因此这里所划分的四个阶段并没有严格的时间界限，而是在一定程度上存在着时间和思想上的相互重叠。

2.3.1　理论萌芽

20世纪80年代末至90年代初，学界对于回弹效应最初的一些争论也直接引发了学者们对于回弹效应存在性的探讨。这一阶段对于回弹效应的理论探索主要围绕着卡扎姆和布鲁克斯的理论推断而展开，他们分别从微观经济和宏观经济角度出发，对回弹效应提出了一些探索性的解释。但这一阶段的研究并未形成严谨的理论体系，也没有明确遵循某种理论范式。

从微观经济的视角出发，卡扎姆在消费者效用水平既定的条件下，讨论了能源效率改进引起能源服务成本降低进而导致能源服务需求增加的情形（如图2.3所示）。在其他条件不变的情况下，随着能源效率由 ε_1 提高到 ε_2，能源服务的边际成本（价格）也由 P_1 下降到 P_2，使厂商的利润增加，吸引更多的厂商进入，从而引起产品的总供给增加，使供给曲线由 S_1 向右移动到 S_2，并导致达到新均衡点 B 时的能源服务需求 Q_2 大于原来均衡点 A 时的能源服务需求 Q_1，其中 Q_2 与 Q_1 之间的部分即回弹效应的部分。卡扎姆认为随着能源效率的提高，实际节能量必定小于技术节能量。显然，卡扎姆忽略了需求函数的变化情况，讨论的只是一个高度简化的局部均衡情形，使得其现实解释力明显不足。但不可否认的是，卡扎姆提供了一个基于新古典经济理论的基础框架和思路方向，而部分后续研究也正是沿着这一框架和思路，通过逐渐修正假设条件和完善模型设定形式，使得回弹效应的理论逻辑性和现实解释力均不断被加强。

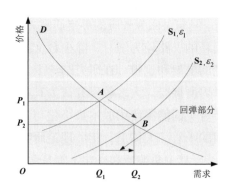

图2.3　能源效率改进对能源服务需求的影响

与卡扎姆不同，布鲁克斯主要侧重于从宏观经济层面对回弹效应的发生机制进行演绎推理①。布鲁克斯主要是通过考察能源效率对长期经济增长的影响推演得到一系列理论命题而尝试对杰文斯悖论进行证明的。他的主要观点是成本节约型的能源效率改进，可被视作一种提高生产率的技术进步方式，它刺激了资本投资，促进了经济增长。由于能源服务的需求取决于消费者的收入水平以及其作为生产要素投入的需求程度，所以经济增长就会带动更多的能源需求。如果经济增长所起的作用足够大，那么能源强度降低的直接效果就是能源效率改进导致能源消费需求的增加。布鲁克斯对于能源效率、能源消费、经济生产率与经济增长之间关系的论断主要可以概括为以下三个重要命题。

①"生产率"命题：虽然存在其他要素对能源的替代，但高质量能源应用的增多能够诱发技术进步，而技术进步可以使全要素生产率得到充分改进，并支撑经济的快速增长，导致能源效率改进的同时能源消费也同样得到增长。

②"调整性"命题：能源效率提高后，能源服务价格会降低，使得实际能源价格会进行相应调整，使能源供需关系在一个较先前更高的数量水平上重新达到平衡。

③"内生性"命题：在对能源效率提高所产生的节能量进行考察时，普遍将能源强度固定为某一历史数值，然后再对能源效率不变时的能源消费量进行估算，但如果能源效率提高是经济增长的一个必要条件从而具有内生性特征的话，那么采用这种方法得到的结果将是不可靠的。

虽然布鲁克斯通过经验事实对上述命题进行了论证，但这些命题均缺乏严谨的经济学规范性推理和证明，从而显得缺乏一定的说服力。正如索雷尔所言：布鲁克斯并未给出支持杰文斯悖论的令人信服的证据，其最重要的贡献可能就在于他提出的全要素生产率改进的相当一部分贡献来自能源生产率的提高这一思想。

虽然学者们围绕着卡扎姆和布鲁克斯的观点进行了一些探索和争论，但是从总体上来看，这一阶段的研究还主要停留在对回弹效应存在性的探讨上，并未在理论上对回弹效应提供有力的支持。但不可否认的是，卡扎姆和布鲁克斯提出的很多命题和思想，以及他们在微观经济层面和宏观经济层面对回弹效应分别进行的理论研究，对后来学界产生了意义深远的影响，对后续相关研究的开展具有不可忽视的重要借鉴作用。

2.3.2　基于新古典增长理论的拓展

---

① 索雷尔对布鲁克斯在这一领域的贡献进行了全面而客观的总结。

在卡扎姆和布鲁克斯相关研究工作的基础上，特别是遵循布鲁克斯在宏观经济层面的相关观点和思想，桑德斯首次在新古典增长理论框架下采用 CD 和 CES 生产函数，并基于能源与其他投入要素之间具有可替代性的假设，通过规范的数理模型证明了 KB 假说的理论存在性。可以说，桑德斯的研究使回弹效应的理论探索向规范化研究方向迈进了极其重要的一步，也标志着相关理论研究进入一个较为深化的研究阶段。此后他发表的几篇论文均在采用新古典增长理论解释回弹效应方面做出了重要的贡献。

桑德斯将仅使能源生产率提高而未对其他要素生产率产生影响的那部分技术进步定义为纯能源效率改进，并采用新古典增长理论证明了逆反效应是存在的，它是纯能源效率改进所引发的一种可能结果。无论采用 CD 生产函数还是 CES 生产函数，结果均表明 KB 假说是成立的，即能源效率改进在理论上可能并不会有助于节约能源，反而会刺激而不是缓和能源需求。桑德斯还发现，不仅纯能源效率改进会增加能源消费总量，资本与劳动生产效率的改进也均会促使能源消费总量的增加。可以说，桑德斯批判地继承了布鲁克斯的主要思想，一方面，桑德斯也认为能源效率改进主要通过降低能源价格和推进经济增长这两个途径使能源消费增加，但另一方面，桑德斯强调了逆反效应仅源于纯能源效率改进，而不是布鲁克斯所强调的能源要素在资本和劳动力生产率提高中所发挥的作用。

理论争鸣同样推动了相关研究成果的丰富和深化。豪沃思对桑德斯的观点提出了挑战。豪沃思认为桑德斯并未将能源与能源服务区分开来，从而导致逆反效应发生的可能性被高估，因为能源并不是新古典生产函数中的直接原始投入要素，进入实际生产过程的是能源服务而非能源本身。豪沃思采用 CD 生产函数，并沿用桑德斯的一些初始假设条件研究发现，除非能源单位成本（价格）在能源服务成本中达到很大的比重，同时能源服务支出在经济产出中达到很大的比重，否则能源效率改进总是可以产生节能效果的。豪沃思还指出能源服务的资本成本是在相关研究中常被忽略的一个关键因素①，即使在卡扎姆的早期研究工作中也是如此。此外，豪沃思对于逆反效应的存在性还引入了一个附加条件：如果能源服务对能源强度的弹性的绝对值小于 1，那么节能效果是可能出现的；如果能源服务需求对能源强度是富于弹性的（弹性大于 1），那么提高能源效率就会增加能源需求。可以说，虽然豪沃思的研究主要遵循了生产理论的基本原理，具有一定的微观经济色彩，但对宏观经济层面的回弹效应提供

---

① 索雷尔和季米特罗普洛斯、沟渊（Mizobuchi）均对此进行了深入探讨。

了一种大体的近似描述。其对于能源服务和能源的区分也是一个重要贡献，这种更为合理的设定方式也被后续研究者广为接受。桑德斯对豪沃思的质疑予以了回应。桑德斯指出尽管豪沃思采用了能源服务、资本和劳动之间具有替代性的 CD 生产函数形式，但是其将能源服务成本函数设定为列昂惕夫函数形式，这种设定存在着无法反映能源与其他要素之间的替代性影响的缺陷，而豪沃思的理论结论也主要源于这样一种设定。桑德斯首先在 CD 生产函数的设定下采用豪沃思的方法对回弹效应进行分析，发现逆反效应仍然存在。然后在区分能源和能源服务的条件下，通过一个准两部门模型①采用新古典增长理论中通用的平衡增长路径方法，再一次证明了逆反效应发生的理论可能性。桑德斯最后还对 CD 生产函数与列昂惕夫生产函数的适用性进行了比较分析，他指出二者均存在严重的缺陷，因此并不是研究回弹效应的理想模型形式。尽管如此，桑德斯再一次以 CD 生产函数为例，通过简单的数值模拟方法，印证了逆反效应的理论存在性。他同时考察了能源效率对产出的短期和长期影响情况，并就学界对宏观经济层面的回弹效应尚未明晰的 11 个基本问题进行了详细的讨论。桑德斯强调认为，传统的能源强度指标，如能源利用率在评价能源效率改进的影响方面是很不可靠的，因为仅仅通过考察能源利用率是无法洞悉能源消费和产出的相关影响因素的。桑德斯的研究表明，随着能源效率的改进，能源变得易于替代其他投入要素，能源效率所引起的回弹效应就越加明显。此外，能源效率的改进意味着相同的能源投入可以带来更多的产出，从而使生产成本和产品价格降低，这会刺激社会产品需求的增加，而产品需求的增加反过来又会产生新的能源需求，进而导致能源消费的增加，这就是能源效率所引起的间接回弹效应②。

　　虽然列昂惕夫函数形式存在着无法反映能源与其他要素之间替代关系的缺陷，但不可否认的是，CD 函数形式也存在要素替代弹性恒定为 1 的局限。桑德斯也注意到了这一点，同时，他还发现新古典增长模型在建模上也存在着局限性，因为在不同的函数设定形式下，所得的理论结果也不尽相同。有鉴于此，

---

　　①　桑德斯将经济系统划分为最终产品部门和能源服务部门，其中后者的产出能源服务直接作为投入要素进入前者用于生产最终产品。桑德斯并未对于这种设定提供解释。事实上，消费能源实现能源服务这一过程通常是在一个企业或生产部门内部的生产过程中完成的，而正是由于各企业和产业部门在生产技术水平等方面存在差异，才产生了能源向能源服务转化的效率（能源效率）上的不同。但桑德斯将能源效率参数设定于能源服务部门的生产函数中，从而将上述能源效率的不同转嫁于该部门，而不是体现于生产过程本身，从这个意义上讲，桑德斯所设定的能源服务部门更像是最终产品部门的一个子部门，因此其提出的模型并非一般意义上的两部门模型。有鉴于此，本书将其称为准两部门模型。

　　②　对于这一概念，第 5 章将提供更加详细的讨论。

桑德斯在之前研究工作的基础上又进行了重要的改进，利用八类生产（成本）函数分别对短期和长期回弹效应①进行了详尽的理论推导和数值模拟，系统地考察和比较了不同模型设定形式对于研究回弹效应的合理性和适用性。桑德斯还将回弹效应分解为强度效应和产出效应，进而对回弹效应的作用机制进行了探讨。他发现无论在企业、部门，抑或宏观经济层面，回弹效应的结果对于生产函数的设定形式具有很大的敏感性：对于一些函数形式，结果取决于能源与其他要素之间的替代弹性的假设；而有一些函数形式并不能证明 KB 假说是否成立。其中，傅里叶成本函数在回弹效应的研究方面具有最理想的灵活性，能够说明从超级节能到逆反效应的回弹效应的各种可能情形，广义列昂惕夫成本函数与 CES 生产函数②也是比较理想的选择，除了超级节能之外的各种可能情形，其均能描述。超对数成本函数并不能很好地描述回弹效应，其只能用来测算逆反效应的情形，而其他函数对于回弹效应的各种情形均不适用。桑德斯的系统性研究为后续研究者在模型设定选择上提供了重要的参考。

　　毫无疑问，在新古典增长理论框架下解释回弹效应，桑德斯的研究最为系统全面。后来的学者一般都沿袭其研究思路，对回弹效应进行了更为深入的理论探讨。魏楚元指出并修正了桑德斯在采用 CD 生产函数对产出长期影响进行的讨论中包含的一个错误，并采用一个两部门模型（能源生产部门和非能源生产部门）及其总体均衡分析来分别探讨短期与长期回弹效应。研究发现：短期内，能源生产效率的提高会增加能源消费与非能源生产部门的产出，但是能源利用效率的提高仅使非能源部门的产出增加，而其对于能源消费和能源部门的产出均未产生影响；能源生产效率和能源利用效率对能源消费和非能源生产部门产出的长期影响要大于短期影响，且能源利用效率对能源消费和产出的影响较能源生产效率对其产生的影响要小得多。按照魏楚元的结论，改进能源利用效率对于限制能源消费总量的效果要好于能源生产效率的改进。魏楚元将经济系统分为能源生产部门与非能源生产部门，将能源效率分为能源利用效率和能源生产效率，使回弹效应的理论模型更加贴近现实，这是其对桑德斯研究工作的最大改进。但就像魏楚元自己所承认的那样，其设定的一些假设条件还是与现实世界明显存在差异的，如完全竞争市场的假设就与目前世界石油市场存在石油输出国组织（OPEC）这样的垄断组织的现实情况不符。另外，其采用的CD 生产函数也被桑德斯认为是不适用于描述回弹效应的函数形式之一。魏楚

---

① 短期和长期回弹效应的主要区别在于资本 K 是否变动。

② 格拉布特尔指出仅在 Hogan–Manne–Richels 型要素组合形式［（K/L）/E］下的嵌套 CES 函数形式具有足够的灵活性。

元继而针对其研究中的不足，将全球经济视为一个整体并采用普适性生产函数形式，对回弹效应五种情形的发生条件进行了更为一般化的讨论。结果表明，能源供给是决定回弹效应大小的一个重要因素，化石能源存量的有限性能够对潜在的回弹效应产生限制作用，例如在能源供给量固定不变这种极端的情况下，无论在微观还是宏观经济层面的回弹效应均为零；能源与其他生产要素之间的替代性也是影响回弹效应的一个重要因素，这种替代性对于短期回弹效应具有更为明显的限制作用；超级节能效应的情形在短期和长期内均有可能发生，且长期回弹效应可能要小于短期回弹效应。魏焘元同时也指出了其研究的主要不足在于未考虑资本效率的改进。

总体来看，新古典增长理论框架下的相关研究已经证明了回弹效应，尤其是逆反效应的理论存在性，也对回弹效应的作用机制提供了一定的解析。但是这些研究均基于一些严格的假设条件，如免费获得的外生技术、规模报酬不变的生产函数、完全竞争的市场、充分的就业、忽略资本与能源的品质差异、忽略其他生产要素的效率改进等。上述严格的假设明显降低了这些新古典理论模型对很多政策性问题的解释力。其中，技术进步为外生且免费获得这一假设，存在着无法清晰反映技术进步实际增长速度和演化过程的明显缺陷，这一新古典增长理论的主要局限也应该是现有研究的最大不足。而兴起于 20 世纪 90 年代的内生增长理论已经实现了技术进步的内生化，从而对经济增长的内在机制具有更加深刻的解释力，因此将其应用于回弹效应研究，显然可以很好地克服上述不足。但目前还鲜有学者在这一理论框架下对回弹效应进行探讨。另外，一些学者也对现有研究大多采用一个总量生产函数来反映整个经济系统行为的思想和做法的合理性提出了挑战。

2.3.3　基于效用理论和成本理论的深化

与桑德斯等人的研究思路不同，以格瑞宁为代表的一些学者试图从微观经济学的效用理论和成本理论出发，并通过对回弹效应进行分类来探讨其作用机制。在格瑞宁等的研究之前，学界对于回弹效应的分类与作用机制均未形成较为统一的认识。格瑞宁等注意到回弹效应对于不同层面经济行为的反映程度是不同的，基于对相关文献的分析，他们对回弹效应的类型进行了系统而重要的归纳，将其分为以下四类。

①直接回弹效应，是指某种能源效率的改进会降低与之相关的能源服务的实际价格，进而引起该种能源的需求与消费增加，因此直接回弹效应又称为纯价格效应。直接回弹效应的研究范围仅限于某种特定的能源使用及与之相关的

能源服务。

②衍生回弹效应，是指消费者真实收入的增加和企业产出成本的降低所产生的超出其直接能源服务需求和本行业范围的影响，这种影响主要来源于对包括其他能源服务需求在内的其他产品与服务的增加，这些需求的增加均可能引起能源消费量的增长，并带动经济增长。

③整体经济回弹效应，是指能源效率改进所引起的能源服务价格的降低，带动了不同市场间相关中间产品和最终产品或服务的价格和产出随之调整，由此引致经济系统整体上发生相应变化，包括产品和服务价格降低、需求增加、整体生产效率提高、经济增长加速，进而推动整个经济系统层面能源的需求与消费的增长。

④变革效应，是指技术进步具有改变消费者偏好、引起社会体制变革及生产组织重构的潜在影响。

对于变革效应，格瑞宁等认为现有理论目前还无法对这种影响可能引起能源消费增加还是减少进行准确预测。虽然能源效率的改进可以持续改变人类的行为，但是除能源效率改进之外的其他方面的技术进步，也引起了人类在时间分配上的改变，这种改变主要体现在劳动就业率与职业结构的变化等方面。然而，这些影响通常由于缺乏能够度量能源和耐用品消费、人口、时间花费及日常支出的时间序列数据，而难以被识别和量化。即使这些具体的数据可得，但是否能够采用严谨的理论框架，对这些由过去的技术创新所引起的变革效应来进行解释是值得怀疑的。正因为如此，格瑞宁及后续研究者均未对变革效应开展进一步探讨，而将研究的重点置于前三类回弹效应机制之上。

格瑞宁等的上述分类工作为阐释回弹效应的作用机制提供了非常重要的研究基础，尤其是前三种作用机制，被大多数后续研究（尤其是最近）所遵循。尽管也有少数后续研究者提出了不同的分类方法，如赫林（Herring）将回弹效应分为五类：直接回弹效应、收入效应、生产替代效应、要素替代效应和变革效应。但这些分类基本上均可以归结到格瑞宁等所提出的四种类别中。更多的研究者基于格瑞宁等的分类标准，并对微观经济层面消费端和厂商端的回弹效应加以区分[①]，从而对回弹效应进行了更为深入的理论阐释。

需要指出的是，随着对回弹效应理论研究的深入，很多后续研究者对衍生回弹效应的讨论范围略有扩大，且对其作用机制进行了更为详细的讨论，并采用更为准确的间接回弹效应[②]这一术语取代衍生回弹效应而与直接回弹效应相

---

① 这种区分主要针对微观经济层面的直接回弹效应。

② 后文将对此进行描述和讨论。

提并论①。可以看出，格瑞宁等对直接回弹效应的探讨，主要沿袭了卡扎姆从微观经济角度对回弹效应提出的相关思想，因此直接回弹效应也仅限于在微观经济层面发生。而间接和整体经济回弹效应则主要发生于中观和宏观经济层面，在作用机制上更复杂，影响范围也更广泛。三个层面的回弹效应在复杂性和影响范围方面的递进关系如图 2.4 所示。

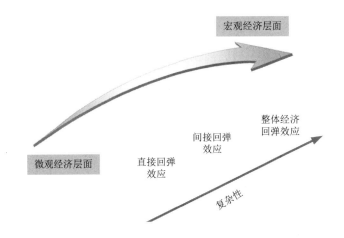

图 2.4　三类能源回弹效应在复杂性和影响范围上的递进关系

2.3.4　基于演化经济学和生态经济学理论的新尝试

除采用传统的新古典经济理论外，随着一些新兴经济学分支的发展，近两年有少数学者还尝试在演化经济学和生态经济学的框架下对回弹效应进行理论解释，从而丰富和拓展了相关研究内容，也使人们得以从更加宽泛的视角对回弹效应获得了更加多样的了解。

鲁泽嫩蒂（Ruzzenenti）和巴索西（Basosi）首次尝试从热力学和演化经济学理论的视角对回弹效应进行解释。他们提出了一个生物经济演化系统，并以陆路货物运输系统为例，对能源效率提高对系统所产生的影响机制和效果进行了分析。通过相关定性分析，他们讨论了能源需求增加的宏观经济效应，并据此构建起能源效率提高的经济影响与生产方式的动态演化之间的一种关联机制。他们认为具有较高节能潜力的系统同时也具有较高的能源密度比。如果能源效率与能源密度之间的正相关性是热力学演化系统的一个恒定规律，那么就

---

① 有些文献在对间接回弹效应的作用机制进行讨论时，也借用了衍生回弹效应这一术语，将其视为间接回弹效应的一种机制，但已经不完全等同于格瑞宁等所提出的衍生回弹效应。

可以将其扩展类推为一个复杂性系统来进行分析。通常系统的结构越复杂其效率越高，但同时也意味着其能源成本也越高，因而其能源密度比也就越高，但是更复杂的系统结构可能会抵消由技术进步和能源效率提高而所产生的节能潜力。因此，回弹效应可以归因于新技术的采用所引起的系统复杂程度的跃迁。一旦能源效率提高所产生的更高的节能潜力驱动能源流增加，那么在这一压力之下，系统就可以以一种更加复杂的方式进行自组织演化。而这时能源密度比提高所引致的更高的系统复杂性，就能够抵消能源效率的潜在正向节能效果。

可以说，鲁泽嫩蒂和巴索西的研究从一个新颖而独特的视角为我们提供了回弹效应产生的一种参考机制，不失为一种有价值的探索和尝试。但他们的主要缺陷是所提出的解释仅适用于宏观经济层面的回弹效应，对于微观经济层面的回弹效应的作用机理并未提供清晰的解答，而后者正是先前新古典经济学框架下对回弹效应理论解释的本质和关键所在，从这个意义上讲，鲁泽嫩蒂和巴索西的理论框架恰好与之前的研究形成了很好的互补关系。此外，鲁泽嫩蒂和巴索西所提出的理论框架主要依据于演化经济学中的相关定性分析方法，而对其理论推断所开展的定量化的实证检验或实验经济分析，应该成为在这一研究框架下的一个必要的扩展性研究方向。

从生态经济学理论出发，奥尔科特（Alcott）采用由埃利希（Ehrlich）和霍尔德伦（Holdren）提出的著名的 IPAT 方程来解释能源回弹效应。在方程 $I = P \times A \times T$ 中，I、P、A 和 T 分别代表环境压力（能源消费）、人口规模、人均财富和技术水平，其中技术水平代表包含能源效率在内的技术进步因素，通常用单位人均财富的能源消耗量即能源强度表示。奥尔科特认为人口规模、人均财富和技术水平这三个因素之间是相互作用、相互影响的，任何试图降低其中一个因素的战略或政策均未必会降低 I，而均具有产生回弹效应的风险，因为通过任一个因素所产生的预期积极成效均可能被同时引发的其他因素的反向作用而抵消。比如，能源强度的降低可能会对能源消费产生直接的抑制作用，但也可能通过刺激经济增长反过来导致更多的能源需求。因此，对资源消耗实行配额制度，或对环境污染征收庇古税，将比任何限制人口、消费以及提高技术进步的政策措施更加有效，可以从根本上有效控制人类行为对环境所造成的影响。奥尔科特的解释固然具有一定的参考价值，但对于人口规模、人均财富和技术水平三个影响因素之间的作用关系，他并未从经济学理论上给出明确的解析，从而显得理论深度明显不足。

2.4　能源回弹效应实证测算研究

对回弹效应的实证测算研究几乎同步于其理论研究，早在 20 世纪 80 年代，就有国外学者以美国等发达国家为研究样本开展了相关研究。自 20 世纪 90 年代以来，相关研究成果日益丰富，尤其是近十年来，对回弹效应的实证测算研究更是取得了突飞猛进的发展。在研究方法上，相关文献大体上可以分为计量经济分析和以可计算一般均衡（CGE）模型为代表的数值模拟两大类①。计量经济分析更多地被用于微观经济层面的回弹效应测算，而 CGE 模型则更侧重于宏观经济层面的回弹效应测算。此外，我们还注意到，有少数研究采用了将以上两类方法相结合的混合宏观经济模型来开展实证研究。

2.4.1　直接回弹效应的实证测算

由于遵循微观经济学的一些基本原理，与间接回弹效应和整体经济回弹效应相比，直接回弹效应更易于被测算，其研究成果与研究方法也更为丰富多样。这些研究要集中于汽车运输、家庭采暖及用电等方面（见表 2.1）。相对而言，计量经济分析作为一种主流研究方法，在直接回弹效应的测算研究中得到了最为广泛的应用。研究范围涉及家庭、地区和国家等多个层面，数据样本包括截面数据（CD）、时间序列数据（TD）与面板数据（PD）等多种形式，模型设定采用了基于单方程或联立方程结构的线性、对数—线性、双对数以及非线性等多种形式，估计方法涵盖了普通最小二乘估计（OLS）、广义最小二乘估计（GLS）、工具变量法（IV）、两阶段及三阶段最小二乘估计（2SLS、3SLS）、固定效应（FE）及随机效应（RE）模型、误差修正模型（ECM）、广义 Logistic（Logit）模型（GLM）及 Tobit 模型等多种计量方法。此外，所采用的模型还可分为不考虑资本供给变动的短期静态模型和允许资本供给变动的长期动态模型两大类。但也正是由于在上述样本范围、模型设定、估计方法等方面存在差异，不同文献所得到的测算结果也不尽相同。如表 2.1 所示，在相关研究中，家庭采暖的直接回弹效应范围为 10% ～ 55%，结果差异相对较小，而汽车运输与家庭用电的结果均存在较大的分歧，最小结果在 5% 左右，而最大结果均超过 80%。

---

① 事实上，除这两类方法外，还有少数关注家庭采暖的文献采用了准实验（Quasi-Experimental）的研究方法，其主要思路是对能源效率改进前后的能源服务需求（消费）进行度量比较，但由于存在难以对其他可能引起能源需求变化的因素进行控制，以及难以准确度量能源服务需求等缺陷，而导致其测算结果往往存在较大的偏误，因此对于这类非主流的研究方法，本书不进行详述。

表 2.1　直接回弹效应的计量经济实证测算研究

文献作者	部门	国家	数据样本	方法	模型设定	回弹效应 /%
格林尼	汽车运输	美国	TD（1966—1989 年）	OLS	线性和对数－线性、单方程	线性 5～19、对数－线性 13
琼斯	汽车运输	美国	TD（1966—1989 年）	OLS	线性和对数－线性、单方程	短期 13、长期 30
维尔	汽车运输	英国、法国、意大利	跨国 PD	OLS	双对数、单方程	短期 10～20、长期 27～30
格林尼等	汽车运输	美国	混合 CD（1979—1994 年）	3SLS	双对数、联立方程	长期 20
威斯特	汽车运输	美国	家庭调查 CD（1997 年）	GLM	双对数、单方程	87
斯茂（Small）和范·丹德（Van Dender）	汽车运输	美国	州级 PD（1961—2001 年）	2SLS、3SLS	对数－线性、联立方程	短期 4.5、长期 22
海默（Hymel）等格林尼	汽车运输	德国	家庭调查 PD	FE、RE	双对数、单方程	长期 57～67
海默等	汽车运输	美国	州级 PD（1966—2004 年）	3SLS	联立方程	短期 4.7、长期 24.1
马托斯(Matos)和席尔瓦(Silva)	汽车运输	葡萄牙	TD（1987—2006 年）	2SLS	双对数、单方程	24.1
格林尼	汽车运输	美国	TD（1966—2007 年）	动态 OLS	双对数、单方程	短期 3.1、长期 13.1
托尔瓦	汽车运输	英国	家庭调查 TD（1998—2006 年）	GLM、Probit 模型	线性、单方程	>50
王辉等	客运交通	中国	全国和省级 TD（1994—2009 年）	GLS	线性、单方程	2～246
哈斯（Haas）和贝尔比奇	家庭采暖	奥地利	家庭调查 CD	OLS	非线性、单方程	20～32

续表

文献作者	部门	国家	数据样本	方法	模型设定	回弹效应 /%
内斯巴克肯（Nesbakken）	家庭采暖	挪威	家庭调查 CD（1990 年）	GLM、IV	线性、联立方程	15 ～ 55
马德纳（Madlener）和奥尔科特	家庭采暖	德国	家庭调查 PD	FE	双对数、单方程	12 ～ 49
盖尔汀（Guertin）等	家庭采暖、家电和照明	加拿大	家庭调查 CD（1993 年）	OLS	双对数、单方程	水暖 34 ～ 38、其他采暖 29 ～ 47、家电和照明 32 ～ 49
杜马根（Dumagan）和芒特（Mount）	家庭用电	美国	纽约州家庭调查 TD（1960—1987 年）	GLM	线性、单方程	34.74
金相贤	家庭用电	韩国	家庭调查 CD（2002 年）	OLS	非线性、单方程	冰箱 72 ～ 84、空调 57 ～ 70
戴维斯（Davis）	家用洗衣机	美国	家庭调查 PD	Tobit 模型、FE	线性、单方程	5.6
弗雷冈萨雷斯（Freire-Gonzá lez）	家庭用电	西班牙（加泰罗尼亚）	PD（1999—2006 年）	PAM、GLS、ECM	双对数、单方程	短期 35、长期 49
王兆华等	居民用电	中国城镇居民	PD（1996—2010 年）	PAM、GLS、ECM	双对数、单方程	短期 72、长期 74

注：TD、CD 和 PD 分别指时间序列数据、截面数据和面板数据；OLS、2SLS、3SLS、FE、RE、IV、GLM、PAM、GLS 和 ECM 分别表示最小二乘法、两阶段最小二乘法、三阶段最小二乘法、固定效应、随机效应、工具变量法、广义 Logistic（Logit）模型、局部调整模型、广义最小二乘法和误差修正模型

值得一提的是，王辉等人难得一见地以中国为研究样本而对直接回弹效应进行测算①。他们借鉴了沟渊和布兰恩隆德等人的研究方法，构建了 LA/

---

① 欧阳金龙等曾对我国家庭层面能源消费的回弹效应进行过探讨，但他们的结果仅仅是通过对一些发展中国家的对比经验分析推算得到的，而并未利用相关统计数据和科学的测算方法进行严谨的定量分析，因此他们研究结果的参考价值并不大。

AIDS 模型并利用广义最小二乘估计法，对我国 28 个省区市及全国整体层面的城市客运交通的直接回弹效应进行了实证测算，结果显示我国城市客运交通领域的平均回弹效应达到 96%，这一结果远远高于对发达国家的测算结果。另外，回弹效应在我国不同省份之间也具有很大差异，回弹效应最小的上海仅为 2%，而回弹效应最大的吉林却高达 246%，且绝大部分省区市的回弹效应超过 100%，说明回弹效应现象在我国是明显存在的。

通过对相关文献的归纳比较，我们不难发现，这些研究结果上的较大差异主要可以归因于研究者们在度量方式和估计方法上的不同选择。即使在采用相同数据样本的情况下，对直接回弹效应的测算结果也可能因不同的界定方式和估算方法而产生差异。例如，格林尼（Greene）与琼斯（Jones）均利用 1966—1978 年的相同的数据样本，但其得到的结果完全不同（见表 2.1）。

在回弹效应的度量方式选择方面，索雷尔对于各种弹性关系的适用范围提供了较为详细的讨论。他认为微观经济层面回弹效应的大小取决于能源服务需求对能源效率的弹性，而这一弹性又可被分解为能源价格对能源效率的弹性与能源需求对能源价格弹性的乘积。因此，虽然在技术进步等背景条件的界定方面并不一致，但相关研究大多尝试利用相对价格变化所引起的消费方式改变，即能源服务需求与价格等相关因素之间的弹性关系来对直接回弹效应进行测算，而选取应用哪种弹性关系则主要取决于数据的可得性。对这些弹性关系的界定与度量上的不同选择，成了文献之间结果存在较大差异的一个主要原因。与能源服务和能源效率相比，价格和能源消费通常具有更强的数据可得性，因此也被更多地采用。显然，准确度量能源服务有效价格的变化及其对能源服务需求的影响，对于测算结果的稳健性具有至关重要的影响。值得一提的是，有研究发现，能源效率改进所引起的能源服务有效价格的降低，对于那些先前无法负担能源服务支出，但又对其具有一定需求的边际消费者而言具有重要的影响，而这也在很大程度上验证了价格变动在直接回弹效应的发生过程中所产生的重要作用。正因为如此，能源服务需求的价格弹性常被视为回弹效应的一个理想的替代变量，而被大部分相关实证研究所采用。

但是，要想通过价格弹性法得到可靠的测算结果，就需要满足两个假设条件：其一，消费者对于能源价格和能源效率变化的反应是一致的，也就是说能源价格降低和能源效率提高对能源服务需求的影响方向是相同的；其二，能源效率的获得是外生的，不受能源价格波动的任何影响。显然，这两个假设在现实世界中均难以实现，从而导致其测算结果容易出现较大的偏差。具体来讲，现实经济中违背上述假设而导致测算结果出现偏差的原因可能体现在以下几个方面。

首先,尽管能源(服务)价格一般不会伴随其他投入要素成本的变化而改变,但能源效率却非如此。事实上,较高的能源效率仅需要通过购买成本更高的新节能设备,而非通过技术模仿就可以实现。因此,如果未将用于能源效率改进的额外的资本成本考虑在内的话,那么借助于能源价格的历史或截面数据而进行的测算就存在高估直接回弹效应的可能。

其次,已有研究证明,价格上涨期的能源价格弹性通常高于价格下降期,所以应用价格弹性法在价格上升和下降时期所得的回弹效应测算结果应该是不同的。因此,很多基于时间序列数据的实证测算研究就可能因存在偏高的价格弹性而获得偏高的回弹效应结果。而其偏差的大小则取决于所考察的能源服务的类型及数据样本的时期跨度。

再次,能源效率的提高无疑会节省消费者的时间成本,而时间成本通常可以用消费者的工资率来度量。因此,随着现代社会经济的发展,工资水平快速提高,如果时间成本持续增加到一定程度而变得较能源成本更为重要的话,那么许多能源服务的直接回弹效应将处于相对次要的地位,从而使消费者对其引起的额外的能源成本的重视程度降低。在这种情况下,如果不对时间成本进行必要的控制,那么直接回弹效应也将被潜在地高估。

最后,可能也是最关键的一点,就是不仅能源效率的改进会引起能源服务需求的增加,同时能源服务需求的增加还可能推动能源效率的改进。这是一种双向循环关系,其中能源服务需求的多少取决于能源服务成本的大小,而成本的大小又取决于能源效率的高低,反过来能源服务需求又促进了能源效率的提高。这表明能源效率并非严格的外生变量。虽然这一双向因果关系所引起的内生性问题可以通过建立联立方程并采用工具变量法等相应的计量方法而得到解决,但是联立方程的大样本需求使其被较少应用(见表2.1),而更多采用单方程模型的实证研究由于未考虑内生性问题,其得到的估计结果很可能是有偏差的。

值得一提的是,如前文所述,虽然将能源效率内生化比较困难,相关理论研究尚未取得实质性的进展,但已经有少数学者意识到上述内生性问题的重要性,并开始尝试在实证研究中对其予以控制,以期得到更为稳健的回弹效应测算结果。应该说,斯茂和范·丹德是这方面的先行者。他们及其合作者均通过建立联立方程形式的计量模型,利用美国州级面板数据对汽车燃油效率改进所产生的直接回弹效应进行测算。他们将能源效率等变量设为内生变量,并采用两阶段和三阶段最小二乘法来对其内生性进行了控制,通过对比研究发现,2SLS 和 3SLS 得到的测算结果较 OLS 的结果明显更加稳健,由于存在内生性偏误，以往研究得到的回弹效应测算结果大多偏高。最近，弗雷冈萨雷斯也将消费者对于能源效率改进而进行的消费行为调整因素纳入回弹效应的测算模型中，采用局部调整模型设定形式及 ECM，在对潜在的内生性进行控制的条件下，对西班牙加泰罗尼亚地区家庭能源消费的回弹效应进行了测算，并同样提出了不考虑内生性问题将会使测算结果偏高的观点。由此可见，在将能源效率内生化处理方面，虽然相关研究在整体上进展较为缓慢，但在实证研究领域[①]已经有所尝试，其合理性也已经得到证实。因此，无论在理论还是实证研究方面，能源效率的内生化均应该成为未来该研究领域的一个重要拓展方向。

另外，现有文献还可能存在以下两种偏误。

①遗漏性偏误。大部分对于直接回弹效应的实证研究并未将天气、人口及效率获得所需付出的必要资本等相关因素考虑在内。此外，还有一些相关因素，如饱和效应、不同的机会成本等，也需要予以考虑。但是大多数相关研究并未考虑这些相关因素，因此可能导致其测算结果并不稳健。如哈斯和贝尔比奇、金相贤等虽然采用了非线性模型设定形式，但却仅考察了能源效率与能源消费之间的关系，而并未对其他任何相关影响因素进行控制，从而得到的测算结果也高于其他相关研究。

②选择性偏误。很多关于汽车运输和家庭采暖的微观实证研究是基于家庭调查数据的（见表 2.1），但研究者往往只能从愿意参与调查的家庭中获得相关信息，也就是说这些调查数据很可能并不是随机分配的，从而基于这些调查数据所得到的测算结果可能会存在一些选择性偏误。

综上，虽然直接回弹效应的实证研究较为丰富，但由于在理论假设和数据可得性等方面存在一些问题，这些研究所采用方法的合理性与测算结果的稳健性却受到了很多质疑。虽然现有研究的测算结果不尽相同，但大部分研究结果显示直接回弹效应处于一个相对较低的水平，而且几乎未发现微观经济层面存在逆反效应的证据。

2.4.2 间接回弹效应的实证测算

与直接回弹效应相比，针对间接回弹效应所开展的实证研究明显不足，仅有少数文献对此予以了关注。由于间接回弹效应的测算需要对家庭消费支出中的隐含能源项目进行考察，所以这些隐含能源数据的缺乏是导致其相关实证研究不足的一个最主要原因。考克（Kok）等在对 19 项与消费方式相关的隐含能

---

① 不难发现，目前这方面的探索主要限于对直接回弹效应的测算。

源和温室气体排放的研究进行总结时发现，其中仅有三项研究提供了足够的数据，而具有对微观经济层面间接回弹效应进行计量分析的条件。

对于间接回弹效应的大小，一些学者最初认为，由于能源成本在家庭和企业总支出中所占份额较小，而且大部分产品和服务的隐含能源也很微小，所以间接回弹效应应该是很小的。另外，并没有证据显示发达国家的家庭将其因能源成本降低而获得的额外储蓄再次用于能源消费。但是，上述观点目前已经受到了挑战，一些研究显示，随着消费者收入的增加，与直接回弹效应相比，间接回弹效应的影响变得越来越重要。

乔克利（Chalkley）等较早开展了相关研究。他们以冰箱和家用锅炉为例，对再支出效应所反映的间接回弹效应进行了简单的估算，结果显示当家庭将储蓄用于气体产品和服务时，潜在的环境效益损失将达到27%。虽然乔克利等的研究不失为一种探索性的尝试，但由于存在缺乏隐含排放数据和随意选择再支出商品的明显缺陷，在方法运用上也过于简单，因此对于后续研究并没有太大的借鉴作用。

此后伦茨（Lenzen）和戴伊（Dey）基于投入产出分析方法，通过6个反映澳大利亚消费方式转变的例子，对两种边际资源强度条件下不同收入群体的再支出效应进行了考察，发现对于碳排放而言，日常食品消费的再支出效应为45%～54%，而水暖消费的再支出效应为8%。他们的研究同样存在一些缺陷。由于采用了边际资源强度而不是家庭的边际产品消费量进行分析，其测算结果是基于先前的消费方式而不是新的消费方式下的边际资源强度而获得的，这就可能导致对于那些与平均资源强度相比，消费方式具有较大和较小改变的样本而言，其测算结果分别出现偏高和偏低的情况。

类似的问题也出现于阿尔弗雷德松（Alfredsson）的研究中。阿尔弗雷德松采用瑞典1104个家庭的300项消费支出数据样本和生命周期评价法（LCA），定量地考察了家庭采取绿色消费方式对能源消费和碳排放的影响。结果表明更加"绿色"的消费行为和消费偏好的确能够降低相关领域的能源消费，但是被节省下来的财富也可能被用于其他商品和服务的消费，进而引起了间接回弹效应，其大小为30%左右。阿尔弗雷德松还考察了收入增加对能源消费和碳排放的影响，研究发现消费方式转变所带来的碳排放减少会快速地被增加的收入和支出所抵消。但是，阿尔弗雷德松假定家庭消费样式的改变仅发生于一些特定的商品上，而他们节省的开支却可以用于包括这些商品本身的所有商品，这一假设显然不够合理。此外，阿尔弗雷德松还将收入增长视为外生变量来处理，但我们知道技术进步是收入增长的主要因素，所以通常收入增长并非外生变量。

因此，阿尔弗雷德松得到的实证结果也不够稳健。

此后相关文献的研究重点开始由消费方式转变调整为能源效率的影响。布兰恩隆德等将家庭总体支出表示为家庭预算与市场价格的一个函数模型，采用1980—1997年瑞典家庭采暖和家用汽车运输的数据样本，通过计量分析与数值模拟相结合的方法，考察了能源效率改进的收入效应和替代效应所引起的家庭支出的变化情况，并测算了家庭需求改变所引致的二氧化碳等污染物排放的直接和间接回弹效应。结果显示20%的能源效率改进可以使碳排放增加约5%，即出现了逆反效应。只有将碳税提升至原来的130%，才能使碳排放下降至初始水平。沟渊在布兰恩隆德等研究工作的基础上，在其模型中加入了能源效率改进所需付出的资本成本变量，利用日本家庭支出数据样本对回弹效应进行了实证测算。结果显示在考虑资本成本因素后，直接和间接回弹效应均明显降低，总回弹效应由考虑资本成本因素前的115%降低为27%。同样，他们的研究也存在一定的不足。比如在他们采用的模型中，每类商品的弹性参数均是固定不变的，这就意味着其得到的回弹效应结果并不随家庭收入水平的变化而发生相应改变，这种设定显然不够合理。此外，他们采用了隐含能源与碳排放静态截面数据，其隐含的前提假设应该是技术水平是不发生改变的，但这又与模型本身设定的存在技术进步的假设相矛盾。

不难发现，目前学界对于间接回弹效应的实证研究还非常少见，少数相关研究也均存在一些明显的缺陷。另外，现有研究均从微观家庭层面对间接回弹效应进行了考察，但从微观企业层面开展的相关研究尚未出现。从相关研究结果来看，间接回弹效应虽然并不像一些学者所认为的那样微不足道，但同样需要引起我们的重视。值得注意的是，尽管碳税是一个被广为推崇的应对回弹效应的政策工具，但是碳税政策可能引起的政府再支出效应尚未引起学界的重视。

2.4.3 整体经济回弹效应的实证测算

显然，宏观经济层面的整体经济回弹效应的实证研究较直接和间接回弹效应的研究，对能源政策的绩效评价与优化调整具有更加重要的参考意义。但由于涉及的模型、参数及相关因素更为复杂，对整体经济回弹效应的测算也存在一定的困难。而CGE模型因具有构建大型宏观经济模型和处理大量数据的优点得到了众多学者的青睐，成为测算整体经济层面回弹效应最为常用的工具。同样基于新古典增长理论的CGE模型，不仅能够与前文提到的从宏观经济层面对回弹效应所提出的理论解释很好地形成呼应，为其提供直接的经验证据，而且 CGE 模型还可以将要素替代、收入水平、部门结构、政策导向及技术水平等影响能源效率的各种因素尽可能地考虑其中，以保证在合理进行模型设定的前提下得到比较稳健的结果。正如格瑞宁等所言，由于经济系统中的价格会受到很多因素的干扰，所以在进行回弹效应研究时，只有总体均衡分析能够对这些因素的最终影响做出预测。但同时 CGE 模型也存在计算较为复杂、对数据样本要求较高等不足。

表 2.2 提供了相关研究的进展情况。从中可以看到，这些针对不同国家和地区的研究结果之间存在一定的分歧，最小结果为 30%，而最大结果超过 100%，即显示存在逆反效应。与直接和间接回弹效应的研究结果相比，大部分整体经济回弹效应的测算结果均要更高，而且有相当一部分研究提供了逆反效应存在的证据，这也在很大程度上印证了前文图 2.4 所反映的逻辑推断，即随着从微观经济到宏观经济层面影响范围的扩大及复杂性的增强，回弹效应的影响也呈现出逐渐增强的趋势。此外，这些研究结果还告诉我们，宏观经济层面的逆反效应可能并非"小概率事件"，尽管有些研究结果的稳健性还值得商榷。

虽然这些基于 CGE 模型的实证研究遵循着相同的理论基础和方法体系，但不同的研究者在生产函数和相关参数设定、模拟程序以及一些关键性假设上存在着差异，这正是相关实证研究结果存在分歧的重要原因。具体来说，能源与其他生产要素之间替代弹性、资本和劳动的供给弹性、各个部门产品的价格弹性、生产部门的能源强度、不同消费品之间的替代程度、各种产品的需求收入弹性，以及政府的税收再分配制度，这些因素均是影响整体经济回弹效应实证测算结果的重要潜在参量。其中任何因素的设定情况发生改变，均可能导致结果出现较大不同。可能正是注意到了这一点，自阿伦（Allan）等开始的大部分研究均提供了一些关键参数敏感性分析，以验证其结果的稳健性。

表 2.2　基于 CGE 模型的整体经济回弹效应实证测算研究

文献作者	国家	生产函数设定	能源要素替代弹性参数	能源效率设定 /%	回弹效应 /%	是否提供了敏感性分析
塞姆博亚（Semboja）	肯尼亚	CD、L	1 或 0	1	170 ～ 350	否
杜富诺（Dufournaud）等	苏丹	CES	0.2 ～ 0.4	100 ～ 200	54 ～ 59	否
维克斯特罗姆（Vikstrom）	瑞典	CES	0.07 ～ 0.87	12 ～ 15	50 ～ 60	否

文献作者	国家	生产函数设定	能源要素替代弹性参数	能源效率设定 /%	回弹效应 /%	是否提供了敏感性分析
格雷普佩鲁（Grepperud）和拉斯姆森（Rasmussen）	挪威	CES	0～1	100	<100	否
格拉姆斯罗德（Glomsrod）和魏素元	中国	CD、L、CES	1	未定量给出	>100	否
汉利（Hanley）等	苏格兰	CES	0.3	5	122	否
鹫田（Washida）	日本	CES	0.3～0.7	1	35～70	否
阿伦等	英国	CES	0.3	5	30～62	是
汉利等	苏格兰	CD、L、CES	0.1、0.3、0.7	5	113～174	是
盖拉和桑乔	西班牙	CES	0～1.5	5	90～108	是
特纳（Turne）和汉利	苏格兰	CD、L、CES	0.4、0.8、1.1	5	−66～360	是

注：CD 为柯布－道格拉斯生产函数；L 为列昂惕夫生产函数；CES 为固定替代弹性生产函数

显然，一旦对于上述各种因素的设定不够合理的话，就可能导致实证结果出现相应的偏误。反过来，而这些潜在的偏误可以通过对关键参数的敏感性分析或采用更加复杂的假设条件来予以修正。除此之外，盖拉（Guerra）和桑乔（Sancho）还注意到了导致先前研究结果产生偏误的一个重要原因，就是相关研究在运用 CGE 模型对整体经济回弹效应进行测算时，对于实际节能量和潜在节能量的度量是基于不同的均衡条件的，对于前者的度量一般采用总体均衡分析，而对于后者的计算往往基于局部均衡分析，这种度量思路上的不一致很可能使实证结果产生一定的偏误。他们进而提出一个将投入产出分析与 CGE 建模方法相结合的思路来解决这一问题，两种方法均可以在总体均衡条件下分别实现对潜在节能量和实际节能量的估算，从而可以很好地修正上述偏误。他们利用西班牙的数据样本，通过对原有方法和新提出的方法的测算结果进行比较发现，前者确实存在较为显著的偏误，在回弹效应小于和大于 100% 时分别呈现出向下和向上的偏误，并且偏误的程度对于能源要素替代弹性参数具有较强的敏感性①，当回弹效应大于100%时，偏误程度随弹性参数的增大而加大。虽然盖拉和桑乔研究结果的稳健性还有待于进一步地验证，但后续研究也确实需要对上述问题予以重视。

此外，大部分现有研究均将能源效率假定为外生的纯能源增进型技术进步，也就是说能源效率的获得不需要付出任何成本。只有阿伦等在进行敏感性分析时，对能源效率改进所需付出的必要成本进行了相应设定。他们假定能源效率需要投入必要的劳动才能获得，因此利用各个部门中劳动效率的损失来度量能源效率成本。结果发现，这种情况下5%的能源效率提高可以使长期电力消费较预期下降10.4%，非电力能源消费下降3.6%，即出现了超级节能的情形，而其他情景下得到的结果均显示存在部分回弹效应。可见，是否考虑能源效率成本从而将能源效率视为内生变量，对于整体经济回弹效应的测算结果具有不可低估的影响。但遗憾的是，现有大部分研究对这一问题几乎很少涉及。

事实上，除CGE模型外，还有极少数研究采用了所谓的混合宏观经济模型来对整体经济回弹效应进行测算。与CGE模型相比，混合宏观经济模型通常并不局限于规模报酬不变和完全竞争市场等新古典理论的假设条件，并且通过计量方法估计得到各个部门的相关参数，从而更加符合现实经济的运行情况。但不可否认的是，这类模型的复杂性更强，对样本数据的需求更大，在开发和维护方面也需要投入更多的成本和精力，这可能是目前其被较少应用的主要原因。随着计算机技术与数学建模技术的发展，对宏观经济的数据模拟研究朝着将高级计量经济方法、总体均衡分析及自下而上的工程模型等技术方法结合起来综合运用的方向发展。

在这一背景下，著名的混合宏观经济模型——"能源－经济－环境"（E3）模型应运而生，E3模型遵循了宏观经济学与计量经济学的基本理论和思想，包括能源与环境影响（污染排放）两个子模块。巴克（Barker）等在对英国和全球整体经济层面的能源回弹效应进行测算时，所分别运用的MDM-E3和E3MG模型就属于此类模型。这两个模型均属于多部门动态模型，所以它们能够将不同时期不同部门之间的相互作用因素体现在内。这两个模型借助协整回归等时间序列模型估计方法、部门间的投入产出分析，以及一个能够反映宏观经济结构的自下而上的能源子模块，对整体经济层面的能源回弹效应进行了测算。巴克（Barker）等的测算结果则显示，至2030年，全球的宏观经济回弹效应和总回弹效应将分别达到41.6%和51.3%。

---

① 这恰恰为桑德斯所得到的回弹效应的结果取决于能源与其他要素之间的替代弹性设定的理论研究结论，提供了很好的实证支持。

尽管利用混合宏观经济模型得到的实证结果往往较 CGE 模型要更加稳健，但其复杂的建模与运算过程也使很多研究者望而生畏。此外，索雷尔认为采用混合宏观经济模型的实证研究并未将能源效率提高本身所需的间接隐含能源消费，以及能源效率与其他要素生产率之间的相互影响考虑在内，因此其结果也可能存在一定的偏差。

2.4.4 我国能源回弹效应的实证测算

能源回弹效应研究在我国尚处于起步探索阶段，除前文提到的王辉等对我国的直接回弹效应进行了研究外，薛丹对我国的居民生活用能引起的直接回弹效应也做了相关研究，但其对基于非对称价格下的直接能源回弹效应进行研究时，采用的方法为线性分解法，导致其测算的中国居民领域的直接回弹效应结果偏小。姜晓运等的研究也仅是根据对数据的观察去测算家庭用车的能源回弹效应，没有基于测算方法上的创新，无法普及。目前国内已经开始逐渐重视对能源回弹效应的相关研究，也涌现了一大批基于能源回弹效应的综述性研究，但实证测算研究仍然较少。目前国内对能源回弹效应实证测算研究的文献大多集中在宏观经济领域。近两年国内相关研究也在逐渐增多，说明国内学者对此项研究的重视程度也在不断提高。表 2.3 对国内的相关代表性文献进行了汇总。

表 2.3　国内关于能源回弹效应的实证研究进展

文献作者	思路	方法	数据样本	时期跨度	回弹效应 /%	主要结论
周勇，林源源	索洛余值法、利用 TFP 度量技术进步	岭回归	全国整体	1978—2004 年	30～80	呈下降趋势
王群伟，周德群	在文献[1]的基础上进一步考虑了技术效应	LMDI、OLS	全国整体	1981—2004 年	平均 62.8	呈下降趋势
刘源远，刘凤朝	同文献[1]	GLS	28 个省区市的面板数据	1985—2005 年	平均 53.68	呈下降趋势，西部最大、东部最小
国涓，凌煜，郭崇慧	同文献[1]	岭回归	工业部门	1979—2007 年	平均 46.38	呈下降趋势

续表

文献作者	思路	方法	数据样本	时期跨度	回弹效应／%	主要结论
国涓，郭崇慧，凌煜	利用超越对数成本函数在考虑非对称能源价格影响的条件下对 Morishima 要素替代弹性进行测算	联立方程、SUR	工业部门	1978—2007 年	39.48	虽然存在回弹效应，但工业部门能源效率的提高最终表现出节能源特征
查冬兰，周德群	对能源效率提高 4% 的经济影响进行模拟	CGE 模型	全国整体（分为 7 个生产部门）	2002 年	煤炭 32.17、石油 33.06、电力 32.28	不同能源的回弹效应存在差异，石油最大
李元龙，陆文聪	对能源效率提高 5% 的经济影响进行模拟	CGE 模型	全国整体（分为 30 个生产部门）	2007 年	短期 52.38、长期 178.61	能效提高引发的产出增长和结构调整反而会使能耗增加
冯烽，叶阿忠	在文献 [1] 基础上考虑空间技术溢出效应	空间误差模型	29 个省区市的面板数据	1995—2010 年	−8.5 ~ 62.48	全国整体呈上升趋势，中、西部高于东部

注：GLS、LMDI、OLS 和 SUR 分别表示广义最小二乘法、对数平均迪式指数法、最小二乘法和似不相关回归

其中，周勇和林源源在国内首次对能源回弹效应开展了实证研究，是国内外该领域第一篇以中国为研究对象的文献，其采用的研究思路和测算方法也明显不同于国外相关研究。考虑到中国能源价格数据难以获得且存在较大的区域差异，以及现有能源价格体系的非市场性等因素，周勇和林源源另辟蹊径，提出了一种替代性方法，即利用技术进步、经济增长、能源强度与能源消费之间的关系进行推导，最终将能源回弹效应表示为：

$$RE_{t+1} = \frac{\sigma_{t+1} \times (Y_{t+1} - Y_t) \times EI_{t+1}}{Y_{t+1} \times (EI_t - EI_{t+1})} \qquad (2.6)$$

其中，RE、Y、EI、σ 和 t 分别表示回弹效应、经济产出、能源强度、技术进步及时间。

　　周勇和林源源运用全要素生产率（TFP）度量了广义技术进步，并采用索洛剩余法对模型进行求解，进而测算出我国宏观经济层面的回弹效应大小。虽然上述方法具有数据可得性强、计算简便等优点，对后续研究产生了重要的影响，随后的几篇文献大多沿袭了他们的研究思路，只是在计量分析方法和数据样本方面有所调整，然而，不得不指出的是，周勇和林源源的研究思路与方法存在着明显的缺陷。从前文对能源回弹效应内涵界定的介绍可知，准确来讲，回弹效应的产生主要源于能源效率的改进，所以，国外对回弹效应的界定也都紧密围绕着能源效率而展开。本书中的能源效率仅指能源要素本身的"狭义"的能源使用效率，不包括来自资本、劳动及其他要素利用效率提升所引起的能源效率的"广义"改进，因此，利用全要素生产率及其所度量的广义技术进步来表征能源效率，无法将能源要素本身的利用效率与其他要素的利用效率区分开来，采用这种"以全盖偏"的研究思路所得到的实证测算结果自然在一定程度上是存在偏误的。

　　值得一提的是，近两年国内出现的几篇文献已经在研究思路和方法上进行了实质性的改进。在计量方法应用方面，国涓等采用了更为严谨的研究思路和方法。他们基于替代效应的思想，利用超越对数成本函数，在考虑非对称能源价格影响的条件下，构建联立方程并采用似不相关回归的方法，对我国工业部门的回弹效应进行了测算。由于他们利用能源价格弹性来表征能源效率的改进并对非对称能源价格因素予以控制，因此其研究结果在稳健性方面较之前的研究明显有所提高。与国涓等采用计量分析方法不同，查冬兰和周德群、李元龙和陆文聪开始尝试采用 CGE 模型对我国宏观经济层面的回弹效应进行测算。但由于在数据年份、部门划分以及能源效率基准值选取等方面存在差异，二者的研究结果相差较大（见表 2.3）。

　　总体来看，尽管国内相关研究尚处于摸索阶段，研究思路的严谨性和研究结果的稳健性还有待提高，但已经取得了一些可喜的进展。与国外相关研究相比，国内研究无疑对于我国的实际情况更具针对性。同时，国内研究对国内学者开展后续研究和政府能源政策的制定也具有重要的参考价值。

2.5　本章小结

　　本章从能源回弹效应的问题提出与争论、含义界定、理论演进、实证测算等方面，对国内外相关研究成果进行了系统的梳理与总结，重点对其理论演进、经验证据研究进行了回顾。通过理论梳理发现：在新古典增长理论框架下与在新古典微观经济理论框架下对回弹效应分别开展的理论研究，在各自所拓展的研究方向上，正殊途同归于对宏观经济层面回弹效应的探究；现有研究，尤其是理论研究的主要局限，是未将能源效率进行内生化处理，这在很大程度上限制了现有研究的现实解释力。

第3章 直接回弹效应测算方法与应用研究

直接回弹效应与个人的能源服务直接相关，如居民的采暖、制冷、照明、电冰箱等服务，这些服务都需要消耗能源，这些设备能源效率的提高会降低提供该服务的边际成本，因而导致相应的能源服务消费的增长。如当居民购买更节能的小汽车后，他们会选择在更多的时候驾车出行而不是乘坐公共交通工具或步行。能源效率改进会直接导致由技术进步所引起的能源节约被部分抵消或全部抵消。本章将围绕直接回弹效应的定义与测算方法，分析我国城镇居民用电消费的影响因素，并以我国城镇居民的用电为例，进行定量分析，对直接回弹效应进行实证研究。

3.1 直接回弹效应的定义与测算方法

某种能源服务的效率改进可以降低与之相关的能源服务实际价格，引起该种能源的需求和消费增加，这会使得能源效率的提高所节约的能源被部分或者完全抵消。所以直接回弹效应又可称为纯价格效应。直接回弹效应的范围仅限于某种特定的能源及与之相关的能源服务。

直接回弹效应是针对某一种能源服务或某一个部门而言的。图3.1是沟渊所描述的直接回弹效应图解。在图3.1中，假设 ε_0 和 ε_1（其中 $\varepsilon_0 < \varepsilon_1$）为某种能源服务的两种不同的能源利用效率，哈斯和贝尔比奇用一个简单的等式来定义回弹效应。

定义1：

回弹效应（RE）

$$= \frac{\text{回弹消费}}{\text{预期节约}} \times 100\%$$

$$= \frac{\text{预期节约} - \text{实际节约}}{\text{预期节约}} \times 100\%$$

$$= \frac{E_2 - E_1}{E_0 - E_1} \times 100\%$$

$$= (1 - \frac{E_0 - E_2}{E_0 - E_1}) \times 100\% \qquad (3.1)$$

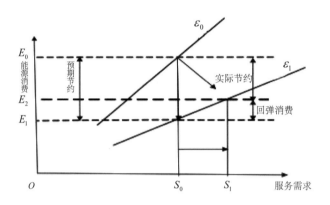

图 3.1　直接回弹效应图解

这里 10% 的回弹效应意思是 10% 的预期节约的能源被其他增长的能源消费抵消了（桑德斯和魏焘元针对一些学者的研究对回弹效应做了一些规范[①]）。这一定义主要是通过测算能源效率改进前后的能源需求量，两者对比可以估计能源消费量的增减，由于其他因素的变动可能会影响到能源消费需求，因此测算时需要控制其他变量。实际上，这种研究方法获得的结果并不很好，大多数研究者仅简单通过能源使用效率提高前后能源消费需求的比较来测算回弹效应，并没有控制比较的对象以及一些必要的变量，这导致此种方法的估计结果具有较大的误差。

从文献的研究可以发现，运用哪种定义对于计量分析和估计居民能源消费的直接回弹效应是很重要的。在一定的条件下可以用一些代理变量来测算回弹

---

① 如果 $RE > 1$，将回弹效应称为逆反效应；

如果 $RE = 1$，将回弹效应称为完全回弹效应；

如果 $0 < RE < 1$，将回弹效应称为部回弹效应；

如果 $RE = 0$，将回弹效应称为零回弹效应；

如果 $RE < 0$，将回弹效应称为超级节约效应。

效应。根据贝克（Becker）的家庭生产函数 $S=F(E, T, K, O)$，把能源服务看成能源消费、时间、资本和其他投入品的函数，假设个体家庭的效用来源于能源服务，比如流动的舒适的空间温度。维尔基于此框架提出能源效率的经济学定义：$\varepsilon = S / E$。能源效率 ε 是获得的能源服务 S 和所投入的能源 E 的比值，如果能源效率 ε 提高，则获得同等能源服务的能源消耗量就会减少。许多学者基于此提出回弹效应的最普遍的定义。

定义 2：

$$RE = \eta_\varepsilon(S) = 1 + \eta_\varepsilon(E) \qquad (3.2)$$

其中 $\eta_\varepsilon(E)$ 为能源消费的效率弹性[①]，$\eta_\varepsilon(S)$ 为某种能源服务的效率弹性。基于数学模型预测的由于能源效率提高所节约的能源，只有当能源服务的效率弹性为 0 时才是有效的，即能源消费的效率弹性为 -1 时才是有效的。一个正的回弹效应意味着 $\eta_\varepsilon(S) > 0$，此时 $|\eta_\varepsilon(E)| < 1$。这一定义最关键的问题在于测算出能源效率及其变化。但实际中能源效率往往难以测算。

由于能源效率难以测算，而基于能源效率的经济学定义，某种能源服务价格 $P_S = P_E / \varepsilon$（P_E 为能源价格或能源成本），则能源回弹效应还可以用能源服务的价格弹性[②]$[\eta_{P_S}(S)]$来估计。

定义 3：

$$RE = \eta_\varepsilon(S) = -\eta_{P_S}(S) \qquad (3.3)$$

已经有一些学者用这一定义估算了能源直接回弹效应。该定义比定义 2 更容易实施。该定义主要基于两个假设。

①对称性：消费者对能源价格的下降和能源效率的提高反应相同。对称性对于用价格弹性估计能源的回弹效应具有关键影响。价格的直接变化更加明显地影响生产效率的提升，在平稳的时间序列中能源价格的下降不会影响能源效率，但是在能源价格的上升时期，它会促进技术的进步。

---

① $\eta_\varepsilon(E) = \dfrac{\partial E / E}{\partial \varepsilon / \varepsilon} = \dfrac{\partial \ln E}{\partial \ln \varepsilon} = \dfrac{\partial \ln(S / \varepsilon)}{\partial \ln \varepsilon} = \dfrac{\partial \ln S}{\partial \ln \varepsilon} - \dfrac{\partial \ln \varepsilon}{\partial \ln \varepsilon} = \dfrac{\partial \ln S}{\partial \ln \varepsilon} - 1 = \eta_\varepsilon(S) - 1$；

$\eta_\varepsilon(S) = \dfrac{\partial S / S}{\partial \varepsilon / \varepsilon} = \dfrac{\partial \ln S}{\partial \ln \varepsilon} = \dfrac{\partial \ln S}{\partial \ln P_S} \dfrac{\partial \ln P_S}{\partial \ln \varepsilon} = \eta_{P_S}(S) \dfrac{\partial \ln(P_E / \varepsilon)}{\partial \ln \varepsilon}$

$= \eta_{P_S}(S) \ (\dfrac{\partial \ln P_E}{\partial \ln \varepsilon} - \dfrac{\partial \ln \varepsilon}{\partial \ln \varepsilon}) = \eta_{P_S}(S) \ (\dfrac{\partial \ln P_E}{\partial \ln \varepsilon} - 1)$。

② 若能源价格不受能源效率的影响，则有 $\dfrac{\partial \ln P_E}{\partial \ln \varepsilon} = 0$。

②外生性：能源价格不受能源效率的影响，即 $\eta_\varepsilon(P_E) = \dfrac{\partial \ln P_E}{\partial \ln \varepsilon} = 0$。

由于数据的有效性，定义 3 比定义 2 更多地用来估算能源的直接回弹效应。但是该定义中回弹效应的计算需要精确的能源服务价格，而能源服务价格却依赖于能源价格和能源效率的变化，因为 $P_S = P_E / \varepsilon$。如果把能源效率看成一个常量①，那么回弹效应的定义就可以基于能源消费的价格弹性 $\eta_{P_E}(E)$ 转化而得到。

定义 4：

$$RE = \eta_\varepsilon(S) = -\eta_{P_E}(E) \qquad (3.4)$$

与定义 3 类似，定义 4 也是基于对称性和外生性假设的。这样要计算居民能源消费的回弹效应只需要得到能源消费和所消费能源的价格就可以了。

对直接回弹效应的经济含义界定，大多被用于探讨能源效率改进对家庭、企业等微观主体能源消费的影响效果。在相关文献中，索雷尔和季米特罗普洛斯的研究最具代表性。他们对相关研究涉及的 8 种代表性的回弹效应的微观经济界定及其特点或不足进行了详细的归纳和比较，并阐明了效率弹性所反映的工程学定义和价格弹性所反映的经济学定义之间的关系，尤其阐释了回弹效应的不同测算结果是如何由能源服务的不同度量方式而产生的。他们基于卡扎姆对回弹效应的最初界定，提出了对回弹效应进行严格界定时需要遵循的三个简化假设：①在提供能源服务的总成本中，资本成本是一个重要组成部分；②能源效率应该被视为内生变量来处理；③在对能源服务生产的时间机会成本含义进行讨论时，需要着重强调时间效率改进对能源消费所产生的效果、时间成本对回弹效应的影响，以及存在时间并行回弹效应这三个因素的作用。他们将回弹效应的 8 种微观经济学定义（见表 3.1）分为以下五类：①能源服务对能源效率的弹性；②能源服务的价格弹性；③将能源效率与其他投入成本（如资本）之间的相关性考虑在内；④将能源效率视为内生变量；⑤将能源服务生产和消费过程中的时间成本和时间效率考虑在内。

---

① $\eta_{P_E}(E) = \dfrac{\partial \ln E}{\partial \ln P_E} = \dfrac{\partial \ln E}{\partial \ln P_S} \cdot \dfrac{\partial \ln P_S}{\partial \ln P_E} = \dfrac{\partial \ln(S/\varepsilon)}{\partial \ln P_S} \cdot \dfrac{\partial \ln(P_E/\varepsilon)}{\partial \ln P_E}$

$= [\eta_{P_S}(S) - \dfrac{\partial \ln \varepsilon}{\partial \ln P_S}] \ (1 - \dfrac{\partial \ln \varepsilon}{\partial \ln P_E})$。

当 ε 为常量时，$\dfrac{\partial \ln \varepsilon}{\partial \ln P_S}$ 和 $\dfrac{\partial \ln \varepsilon}{\partial \ln P_E}$ 为0，此时 $\eta_{P_E}(E) = \eta_{P_S}(S)$。

表 3.1　能源回弹效应的 8 种微观经济定义及其解释

类别	界定形式（依次为定义 1 至 8）	主要变量说明	特点或不足	相关文献作者
第 Ⅰ 类	$\eta_\varepsilon(S)-1$	$\eta_\varepsilon(S)=\dfrac{\partial S}{\partial \varepsilon}\dfrac{\varepsilon}{S}$	能源服务的边际效用呈下降趋势，从而使直接回弹效应减弱；数据可得性不强	贝尔库特，穆斯肯斯（Muskens），韦尔图伊斯詹（Velthuisjen）
	$\eta_\varepsilon(NO)+\eta_\varepsilon(CAP)$ $+\eta_\varepsilon(UTIL)-1$	$S=NO\times CAP\times UTIL$，$NO$、$CAP$、$UTIL$ 分别表示节能设备的数量、平均规模及平均利用率	能源服务的边际效用可能随能源消费量的增加而降低，使得直接回弹效应有所下降	斯茂，范·丹德，格林尼，卡恩（Kahn），吉布森（Gibson）
第 Ⅱ 类	$-\eta_{P_S}(S)-1$	$P_S=P_E/\varepsilon$	可以对效率改进带来的潜在回弹效应进行估算，可在数据可得性不强时采用	贝尔库特，穆斯肯斯，韦尔图伊斯詹，卡扎姆，宾斯旺格（Binswanger）
	$-\eta_{P_E}(E)-1$	$\eta_{P_S}(S)=\eta_{P_E}(E)$	仅适用于研究某种单一能源服务（如冰箱）的情况，由于忽略了价格引起的能源效率改进，其估算结果可能会高于定义 3	本特森（Bentzen），罗伊（Roy），维尔
第 Ⅲ 类	$-1-\eta_{P_S}(S)$ $-[\eta_{P_K}(S)\ \eta_\varepsilon(P_K)]$	P_K 为资本（成本）价格	假设能源服务需求是能源成本和能源效率的单调函数，且能源价格为外生变量，消费者对能源价格和能源效率的变化具有相同的反应，其估算结果要小于定义 3 和定义 4	贝塞麦（Henly），鲁德尔曼（Ruderman），莱文（Levine），沟渊

类别	界定形式 （依次为定义 1 至 8）	主要变量说明	特点或不足	相关文献作者
第Ⅳ类	$-\left[\dfrac{\eta_{P_E}(E)+\eta_{P_E}(\varepsilon)}{1-\eta_{P_E}(\varepsilon)}\right]-1$	中括号内部分表示能源服务对能源成本的弹性	将能源效率视为能源价格的函数而对其进行内生化处理，宜采用联立方程和工具变量法进行估算，而采用最小二乘法得到的结果将是有偏的	斯茂和范·丹德
第Ⅴ类	$-1-\eta_{P_S}(S)$ $+[\eta_{P_T}(S)\ \eta_{\theta}(P_T)\ \eta_{\varepsilon}(\theta)]$	$P_T=P_W/\theta$ 为时间成本，其中 P_W 为家庭平均工资，θ 为时间利用效率，$S=\theta T$	时间效率是能源效率的函数，由于 GDP 增长通常会提高平均工资水平，从而使时间成本在能源服务总成本中的比例增加，其估算结果可能随时间呈下降趋势	宾斯旺格
	$-1-\eta_{P_S}(S)$ $-[\eta_{P_K}(S)\ \eta_{\varepsilon}(P_K)]$ $+[\eta_{P_T}(S)\ \eta_{\theta}(P_T)\ \eta_{\varepsilon}(\theta)]$	——	同时考虑资本成本和时间成本	无

注：S 表示实际能源服务（即能源消费的有用功），ε 表示能源效率（即能源服务 S 与能源消费 E 之比），$\eta_Y(X)$ 表示变量 X 对变量 Y 的弹性，PS、PE 分别为能源服务的单位成本和能源价格

通过比较分析，索雷尔和季米特罗普洛斯发现虽然基于价格弹性的定义 3 和定义 4 最常被应用于相关研究中，但由于未考虑不对称的价格弹性、能源效率与其他投入成本之间的正相关性、显著的资本成本、价格因素所带来的效率改进、能源效率的内生性、能源效率与时间效率之间的负相关性等相关因素，这些研究具有高估回弹效应的潜在可能，尤其是那些采用能源需求价格弹性来反映直接回弹效应的研究工作具有明显的缺陷。

可以说，索雷尔和季米特罗普洛斯提供了一项系统而严谨的研究工作，他们的研究几乎涵盖了所有对直接回弹效应的微观经济界定，对于后续研究无疑具有很强的指导意义。

许多经济学家已经用能源消费的价格弹性作为工具变量来估计回弹效应，

这个变量可以间接地估计回弹效应。哈斯和贝尔比奇认为在无法知道能源效率的情况下，能源消费的价格弹性可以用常量弹性需求动态标准函数的双对数形式求得。由于数据的可获得性和有效性，本章也倾向于用定义 4 能源消费的价格弹性来估算中国城镇居民用电消费的回弹效应。

3.2　我国城镇居民用电直接回弹效应实证研究

3.2.1　我国城镇居民能源消费现状分析

居民部门的能源消费在我国能源消费中的地位仅次于工业部门，居民生活用能一直以来受到各方面的高度关注。特别是在国务院全面推进城镇化进程这一背景下，随着居民生活水平的持续提升，居民生活用能无论在数量还是质量上，要求都是越来越高（图 3.2）。本节将分析我国城镇居民的生活能源消费特征，尤其是我国城镇居民的生活用电特征，测算我国城镇居民部门用电的直接回弹效应，以期为政府制定相关能源消费政策提供一定参考。

城镇是能源消费的集中地，研究解决城镇居民终端能源消费中存在的问题，对改善我国能源利用现状、扩大清洁能源技术使用的比例、提高能源效率、实现节能减排都有着积极的意义。

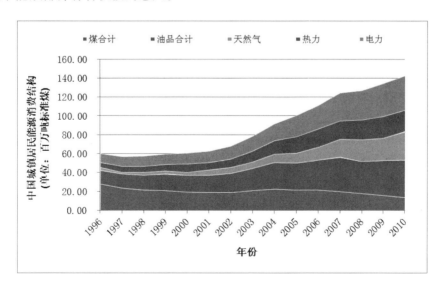

图 3.2　中国城镇居民用能结构变化（1996—2010 年）

改革开放以来，中国城镇化率不断攀升，从 1978 年的 17.9% 上升到 2020 年的 61%，预计到 2030 年，中国城镇化水平将提高到 80%。城镇化的高速扩张，带来了城镇人口的急骤上升，使得人们加速了对舒适生活的追求，直接导致城镇居民用能的快速增长，尤其是城镇居民用电更是如此。2010—2019 年间中国城镇居民用电总体呈快速上升趋势，由 2010 年的 3218 亿千瓦时增长到 2019 年的 1.02 万亿千瓦时，年均增长率约为 13.7%，对城镇居民用电的研究，有助于合理引导城镇居民的用电消费行为，提高用电效率，促进城镇居民部门用能的节能减排。

3.2.2 我国城镇居民用电影响因素分析

城镇居民生活用电受城镇居民生活水平与生活习惯以及不同地理环境的影响，有着不同于全社会工业与商业用电的特点。城镇居民用电消费受多种因素的影响，其中包括城镇居民能源消费结构的变化、城镇居民收入水平、城镇居民生活方式与居住方式、天气变化、各种生活用电设备社会保有量变化以及新型节能技术在各种生活用电设备中的推广应用等。结合我国城镇居民生活用电的基本特征，可以进一步将影响城镇居民用电消费的主要因素归结为七大类：①人口增长；②居民收入水平；③节能设备的引入及旧有用电设备的更新换代；④能源价格与税收补贴等外部因素；⑤城镇化；⑥气温变化；⑦居民生活方式及节能态度。

3.2.2.1 人口增长

奥加纳门（Al-Ghandoor）和贾贝尔（Jaber）认为人口对居民生活能源消费影响较大。人口增长与能源消费量的增加呈线性关系，城镇人口增长与城镇居民的生活用电消费是否呈线性关系，弹性如何有待观察研究。

3.2.2.2 居民收入水平

本特森、艾格斯坦德（Engsted）和萨德诺（Sardianou）以及奥加纳门认为，人均可支配收入水平的提高对居民生活能源消费影响很大。人均可支配收入的提高会带来新的用电设备及其他用能设备的普及。例如，1985 年我国城镇居民每百户居民的电冰箱拥有量为 6.85 台、彩色电视的拥有量为 48.29 台，到 2013 年其拥有量分别达到了 82 台与 116.1 台；人均可支配收入的增加，同时也使得城镇居民的人均住宅面积迅速扩大，从 1989 年至 2012 年我国城镇居民住宅面积翻了一番，由 1989 年的人均 13.5 m² 达到了人均 32.9 m²，人均可支配收入的增长在很大程度上导致了我国城镇居民住宅内照明、采暖、制冷等电力消费的上升。一般而言，居民收入增长是居民能源消费增长的主要原因，消费者收入水平越高，货币支付能力就越强，其对各种商品的需求也就越多，对生活质量的要求也越高。按照恩格尔定律，当居民在满足日常生活需求之后，居民的消费习惯也会随之改变，对生活用电的需求已不再满足于照明及一些日常的家用电器的使用，其用于享受、娱乐性的用电需求比重将增加。此时，居民用电消费带有明显的享受性、发展性，这些都将增加生活用电的消费量。居民收入水平与生活用电消耗量呈正相关，即随着居民可支配收入的提高，家用电器的普及率和使用频率将提高，电力消费也随之提高。

3.2.2.3　节能设备的引入及旧有用电设备的更新换代

节能电力设备的引进与开发以及对旧有用电设备的更新换代对城镇居民用电影响也比较大。巴拉拉斯（Balaras）和加格利亚（Gaglia）认为技术进步（能源效率的改进）以及节能技术的采用对居民生活用电消费影响很大。节能电器的购买以及旧有用电设备的更新换代会导致居民部门用能效率得到明显提升，这会在一定程度上降低居民部门的用电消费。例如，在照明用电方面，以高品质的日光灯或 LED 电灯替代原有的白炽灯泡，不仅仅减少了电力的耗损量，还大大提高了照明效果，提高了居民的生活品质；同样，在空调的消费上，变频空调相对于旧有的传统定速空调在节能方面有明显优势，当室温达到设定温度后，变频空调会以较低的频率运行，以维持室内的设定温度；在住宅的采暖与制冷方面，新材料制成的住宅隔热设施可以为居民节省大量的电力损耗。

3.2.2.4　能源价格与税收补贴等外部因素

根据微观经济学的需求理论，价格是影响商品需求的首要因素，价格通常对消费需求形成反向抑制作用，当电价相对较高时，居民会减少电的使用量，而增加其他能源的使用量。反之，当电价相对较低时，居民对电力的消费明显降低。而税收与补贴是调节能源价格的主要方式，萨德诺、奥加纳门等认为税收补贴政策对居民节能态度与生活用电消费的影响较大。一般说来税收越少、补贴越多，居民生活用电消费则越多，反之越少。在高收入国家，能源价格对居民能源需求的影响作用较弱，但在发展中国家，能源价格对能源消费需求影响仍然作用较大。另外，在本书中，我们将实际电价的下降等同于能源效率的上升。

3.2.2.5 城镇化

城镇化是经济发展的一个主要现象，它会促进居民用电消费。城镇化过程是一个地区的人口向城镇和城市相对集中的过程，也是农村生活方式转化为城镇生活方式的过程。在这一转化过程中，居民能源消费的类型和利用效率都发生了巨大的变化。由农村居民转化来的城镇居民会购买更多的产品和服务，这将会增加居民用电的消费。城镇化水平反映的是城镇居民用电模式与农村居民用电模式的差异性。城镇化的高速发展意味着基础设施完备，居民用电便利，居民生活用电量大幅度提高。另外，城镇化也意味着家庭结构的改变。城镇化的不断推进以及计划生育政策的实施使城镇家庭规模缩小，家庭结构呈现以核心化家庭为主、小家庭式样日益多样化的趋势。这就导致以家庭为单位进行消费的家用电器量随之不断上升，用电量也随之增加。

3.2.2.6 气温变化

温度对居民生活用电需求是一个比较敏感的影响因素。改革开放 40 多年来，我国经济快速发展，促进了居民生活水平的提高，同时居民对室内环境的要求也在提高，调节室内环境耗电量的比重也在迅速增加。气温对居民用电消费的作用明显，热带地区基本没有寒冬，所以基本没有采暖能耗，而制冷能源消耗却很多；相反，寒带地区基本没有制冷能源消耗，而采暖能源消费却相当多。

3.2.2.7 居民生活方式及节能态度

魏一鸣、廖华、范英和萨德诺指出居民生活方式与节能态度对生活能源消费的影响不容忽视，尤其是对居民用电消费影响巨大。汉特（Hunt）和塞德希尔（Sendhil）认为即使不提高能源效率，改变居民的用能行为也照样可以大量减少能源的消费。居民部门的生活用电消费具有延续性和相互影响性。延续性即本阶段的生活用电消费受前一阶段的生活用电消费影响，这主要是由居民倾向于将生活方式保持基本不变决定的；相互影响性表现为邻居、亲戚、朋友的生活用电量对本人的生活用电消费量会有较大的影响。节能态度对居民生活用电的影响主要表现为两个方面：第一是推崇经济型的生活方式，如以节能环保型小轿车替代高耗油大批量的豪华轿车，以经济性公寓住房替代豪华型别墅、复式楼等；第二是在生活过程中减少电的消费，如随手关灯、夏天不把空调温度设定过低（不高于 26℃），冬天不设定过高，在家用电器不运行时，关闭电源减少待机电力耗损等。待机耗电与产品在使用过程中产生的有效能耗不同，基本属于能源浪费。

3.2.3　计量模型及变量核算方法

与发达国家不同，中国正处于城镇化进程加速的阶段，大量农村人口涌入城市，人口因素已经成为促进中国城镇居民用电增长的重要因素之一。因此，在哈斯和贝尔比奇的研究基础上引入人口变量，然后考虑相应时间、区域影响因素对城镇居民用电总量的影响，利用面板数据对我国城镇居民用电消费进行多元回归分析，并根据上述影响因素，选择城镇人口、人均可支配收入、度日、居民用电价格来构建多元统计回归模型。根据各影响因素所构建的面板双对数模型为：

$$\ln E_{it} = \alpha + \beta_1 \ln I_{it} + \beta_2 \ln P_{E_{it}} + \beta_3 \ln P_{it} + \beta_4 \ln DD_{it} + \mu_{it} \qquad （3.5）$$

其中，α 为常数项，$\beta_1 \sim \beta_4$ 为待估计的参数，μ_{it} 为随机误差项。

E_{it} 为第 i 省第 t 年城镇居民总用电量（单位：千瓦时）。

$P_{E_{it}}$ 为第 i 省第 t 年民用电价格（单位：元 / 千瓦时）。民用电实际价格由 PPP 法计算得出。由于各地区的民用电价格难以获得，本书选取了我国 30 个省区市（不包括港、澳、台地区以及数据缺失较多的西藏自治区，下同）的民用电价为代表（见附表 1）。不同能源在居民部门的相互替代性很强，显然民用电价的变化对城镇居民生活用电有负的影响。

P_{it} 为第 i 省第 t 年城镇人口数。人作为能源消费的主体其数量变化对能源消费的影响显而易见。人口越多所需要的耗电设备就越多，生活用电消费也就越大。可以判断它与生活用电消费量之间的关系是正的。

I_{it} 为第 i 省第 t 年城镇居民人均可支配收入（单位：元）。实际人均可支配收入值是各地区名义人均可支配收入按照该地区相应年份的 CPI 以 1996 年为基期进行缩减并计算各地区的物价差别所得到的。物价成本的计算方法就是布兰特（Brandt）和霍尔兹（Holz）提出的购买力平价（Purchasing Power Parity，PPP）计算方法。附表 2 中列出了 1996—2010 年我国 30 个省区市的购买力平价。一般地，一个地区实际人均可支配收入很大程度上反映了该地区居民的实际生活水平。生活水平的提高，一方面带来了家庭中新耗电设备的增加，造成生活用电消费量上升；另一方面更换旧的低能效的耗电设备，并引入大量的节电设备，大大减少了生活用电。

DD_{it} 为第 i 省第 t 年的度日数。本小节从时间序列角度，定量研究气温对居民生活用电的影响程度，采用国际上常用的度日数法。由于各地区纬度、地理条件不同，所以气候有很大差异，这在很大程度上影响了一个地区冬夏季的用电量。从实际用电的角度来看，度日数大的地区必定比四季如春的地区生活用电需求量大。早在 20 世纪 50 年代初，桑姆（Thom）首次用度日数法探讨了能源消费与温度的关系。所谓某一天的度日就是指日平均温度与规定的基础温度的实际离差。度日又分为两种类型，即采暖度日和降温度日。年采暖度日数是指一年中日平均温度低于基础温度的累积度数，年降温度日数是指一年中日平均温度高于基础温度的累积度数。计算公式如下：

$$\begin{cases} HDD = \sum_{i=1}^{n}(1-rd)(T_{b1}-T_i) \\ CDD = \sum_{i=1}^{n}rd(T_i-T_{b2}) \end{cases} \quad (3.6)$$

其中：HDD 为某一年的采暖度日数；CDD 为某一年的降温度日数；n 为某一年的天数；T_i 为日平均温度；T_{b1} 为采暖度日数的基础温度；T_{b2} 为降温度日数的基础温度；rd，如果日平均温度高于基础温度，则为 1，否则为 0。由于此种方法工作量太大，所需数据不容易获得，因此，本小节对韦恩（Wayne）提出的一种快速计算月度日数的方法进行改进得到了年度日数的计算方法：

$$\begin{cases} HDD = \sum_{m=1}^{12}(1-rd)(T_{b1}-T_m)\cdot M \\ CDD = \sum_{m=1}^{12}rd(T_m-T_{b2})\cdot M \end{cases} \quad (3.7)$$

其中：T_m 为月平均温度；M 为每月的天数；rd，如果月平均温度高于基础温度，则为 1，否则为 0；其他变量与式（3.6）意义相同。某一年年度日数：$DD=HDD+CDD$。[①]

---

① 考虑到计算方法所涉及的工作量、所需数据可获性及每月内温度的波动性，有很多研究也采用世界资源学会（WRI）的测算方法来测算各地区的年度日数：

$$\begin{cases} DD_m = \sigma_m(D_m)^{1.5}\left[h/2+\ln(e^{-ah}+e^{ah})/2a\right] \\ h = (T_{base}-T_a)/\left[\sigma_m(D_m)^{1/2}\right] \\ h = (T_a-T_{base})/\left[\sigma_m(D_m)^{1/2}\right] \\ a = 1.698(D_m)^{1/2} \\ \sigma_m = 1.45-0.29T_a+0.664\sigma_y \end{cases}$$

其中，DD_m 为月度日数，T_a 为月平均温度，T_{base} 为月基准温度（18℃），m 表示月，σ_y 为一年中月平均温度的标准差，σ_m 为一月中日平均温度的标准差。

由于我国各省区市的日平均气温数据很难获得，本小节选取了我国 30 个省市区的日平均气温作为各省代表（见附表 3），除了数据易于获取之外，选取使用该数据的原因还有两点：①每个省区纬度基本相近，地理条件类似，气温差别不大，度日数误差较小；②一般而言，各省会城市基本都是本省人口最多的城市，能源消费所占比重也是最大的，按权重法计算时，所占比重也是最大的。

3.2.4　对称价格调整与长期回弹效应测算

与回弹效应相关的能源消费是由能源效率的改进导致所消费能源的有效价格下降引起的。回弹效应可以通过所投入能源的需求价格弹性准确地进行测算。王兆华等对中国城镇居民用电直接回弹效应的研究证明能源需求的价格弹性与回弹效应联系非常紧密，更确切地说，回弹效应与价格下降时的价格弹性联系非常紧密。所以式（3.4）的测算方法，有一个前提，即价格上升与价格下降时的能源需求价格弹性是相同的，这在实际中是不现实的。主要原因是消费者所需要的不是能源本身而是由消耗能源所提供的服务（如照明与降温服务），而且能源服务又受能源效率的影响。简单来说，如果能源价格上升，消费者会想方设法提高能源效率，以此节约用能成本。但是，若能源价格下降，消费者并不会去除能源效率改进带来的成本节约。因此，价格下降时的能源需求的价格弹性更适合用来测算回弹效应。但实际中能源价格经常是波动的，有涨有跌。为了解决这一问题，戴盖（Dargay）和盖特利（Gately）、哈斯（Haas）和席佩尔以及亨廷顿等学者采用价格分解的方法，将价格的变化波动分解为三个部分，即价格最大值 $P_{E_{it}}^{max}$、价格累积下降值 $P_{E_{it}}^{cut}$、价格累积增长值 $P_{E_{it}}^{rec}$ [1]。哈斯和贝尔比奇为了让这种方法能在对数函数中使用，在遵循戴盖和盖特利的分解方法的基础上做了一些改变。

---

[1]　盖特利和亨廷顿提出为避免能源价格的非对称效应，将能源价格分解为以下三部分：在时间间隔 [0, t] 内的历史最高价格、价格下降累积序列和价格上升累积序列，即 $P_t = P_{max,\,t} + P_{cut,\,t} + P_{rec,\,t}$。

其中：$P_{max,\,t} = \max(P_0, \cdots, P_t)$ 为正的非递减的时间序列；

$P_{cut,\,t} = \sum_{i=0}^{t} \min[0,\ (P_{max,\,i-1} - P_{i-1}) - (P_{max,\,i} - P_i)]$ 为非正的非递增的时间序列；

$P_{rec,\,t} = \sum_{i=0}^{t} \max[0,\ (P_{max,\,i-1} - P_{i-1}) - (P_{max,\,i} - P_i)]$ 为非负的非递减的时间序列。

在做与价格相关的线性回归时，经常会用到这种价格分解方法。

定义：

$$P_{E_{it}} = P_{E_{it}}{}^{\max} \cdot P_{E_{it}}{}^{\mathrm{cut}} \cdot P_{E_{it}}{}^{\mathrm{rec}} \tag{3.8}$$

其中：$P_{E_{it}}{}^{\max} = \max\{P_{E_{i1}},\ P_{E_{i2}},\ \cdots,\ P_{E_{it}}\}$ 为实际价格历史最大值，该序列为非递减时间序列；$P_{E_{it}}{}^{\mathrm{cut}} = \prod_{m=0}^{t} \min\{1, \dfrac{P_{E_{im-1}}{}^{\max}/P_{E_{im-1}}}{P_{E_{im}}{}^{\max}/P_{E_{im}}}\}$ 为实际价格累积下降值，该序列为非递增非正时间序列；$P_{E_{it}}{}^{\mathrm{rec}} = \prod_{m=0}^{t} \max\{1, \dfrac{P_{E_{im-1}}{}^{\max}/P_{E_{im-1}}}{P_{E_{im}}{}^{\max}/P_{E_{im}}}\}$，为实际价格对数累积增长值，该序列为非递减非负时间序列。

对式（3.8）两边取对数则有：

$$\ln P_{E_{it}} = \ln P_{E_{it}}{}^{\max} + \ln P_{E_{it}}{}^{\mathrm{cut}} + \ln P_{E_{it}}{}^{\mathrm{rec}} \tag{3.9}$$

将式（3.9）代入式（3.5）则有：

$$\begin{aligned} \ln E_{it} = {} & \alpha + \beta_1 \ln I_{it} + \beta_2{}^{\max} \ln P_{E_{it}}{}^{\max} + \beta_2{}^{\mathrm{cut}} \ln P_{E_{it}}{}^{\mathrm{cut}} + \beta_2{}^{\mathrm{rec}} \ln P_{E_{it}}{}^{\mathrm{rec}} + \\ & \beta_3 \ln P_{it} + \beta_4 \ln DD_{it} + \mu_{it} \end{aligned} \tag{3.10}$$

其中，E 为我国城镇居民生活用电量，I 为我国城镇居民实际可支配收入（以 1996 年为基期价格），P_E 为居民用电实际价格（以 1996 年为基期价格），P 为城镇人口数，CDD 为降温度日，HDD 为采暖度日数，DD 为度日数。$\ln P_{E_{it}}{}^{\mathrm{cut}}$ 的估计参数系数 $\beta_2{}^{\mathrm{cut}}$ 的负数即式（3.4）所表示的直接回弹效应值。如图 3.3 所示。

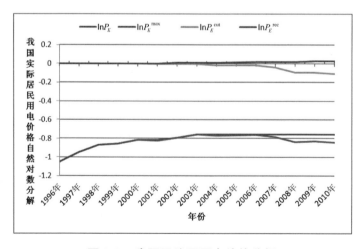

图 3.3　我国平均民用电价格分解

3.2.5　数据来源

在模型（3.10）的框架下，采用面板数据模型来估算我国城镇居民用电的直接回弹效应。考虑统计数据的一致性和获得性，西藏、台湾、香港和澳门不包括在研究范围之内。需要使用的数据包括我国 30 个省区市 1996—2010 年的城镇居民生活用电量、城镇居民平均可支配收入、每月平均温度、民用电价、城镇人口数等样本。其中各省区市城镇居民可支配收入和每月平均温度所涉及的数据来源于《中国统计年鉴》（1996—2010 年），各省区市民用电价有关数据来源于《中国物价年鉴》（1996—2010 年），各省区市城镇居民生活用电消费来源于《中国能源统计年鉴》（1996—2010 年），各省区市城镇人口数来源于《中国人口统计年鉴》（1996—2010 年）。

表 3.2　变量的描述性统计

—	$\ln E$	$\ln I$	$\ln P_E^{\max}$	$\ln P_E^{\mathrm{cut}}$	$\ln P_E^{\mathrm{rec}}$	$\ln P$	$\ln DD$
平均值	21.97262	8.926846	−0.870070	−0.109913	0.062704	16.39359	6.240279
中值	22.06089	8.906552	−0.865091	−0.080506	0.042135	16.47929	6.316261
最大值	24.23242	9.942893	−0.562372	0.000000	0.256087	17.96560	7.894765
最小值	19.03587	8.107055	−1.534299	−0.494187	0.000000	14.15754	2.517696
标准差	0.943331	0.411836	0.184481	0.096155	0.059636	0.778458	1.014122
偏度	−0.581245	0.185824	−0.607826	−1.164319	1.267165	−0.920153	−1.501900
峰度	3.283733	2.281536	2.985691	4.304400	4.194568	3.844630	5.989308
观察值	450	450	450	450	450	450	450
截面	30	30	30	30	30	30	30

3.3　计量结果与分析

3.3.1　面板单位根检验

为了验证所作的对数线性回归是否为伪回归，本小节将对各变量的平稳性进行检验。本小节所做平稳性检验是基于面板数据模型的单位根检验。由于面板单位根检验方法有很多种且都有各自的独特性，因此用不同的检验方法得到的结论难以做到完全一致。为了保证检验结果的稳健性，提高结论的可信度，本小节分别采用 LLC（Levin-Lin-Chu）、IPS（Im-Pesaran-Shin）和 CH（Ch-statistics）检验方法对模型（3.10）中各变量的对数序列以及对数一阶差分序列进行面板单位根检验。面板单位根检验结果如表 3.3 所示。除了 $\ln P_E^{max}$ 和 $\ln DD$ 的检验拒绝存在面板单位根的原假设外，其余变量的检验都不能拒绝存在面板单位根的原假设，但是各变量的一阶差分序列表明均不存在面板单位根。综合表 3.3 三种面板单位根的检验结果，可知回归模型中的各变量均为一阶单整序列，因此各变量之间必然存在协整关系。

表 3.3　面板单位根检验结果

变量	LLC 检验	IPS 检验	CH 检验	
			ADF–Fisher 检验	PP–Fisher 检验
$\ln E$	2.49782 (0.9938)	7.10510 (1.0000)	19.7053 (1.0000)	25.2762 (1.0000)
$\Delta \ln E$	−17.1743*** (0.0000)	−15.3238*** (0.0000)	306.603*** (0.0000)	407.616*** (0.0000)
$\ln I$	3.90261 (1.0000)	10.6106 (1.0000)	8.13534 (1.0000)	14.7752 (1.0000)
$\Delta \ln I$	−12.3338*** (0.0000)	−10.4638*** (0.0000)	212.986*** (0.0000)	268.107*** (0.0000)
$\ln P_E^{max}$	−2.65676 (0.0039)	−10.3790 (0.0000)	150.293 (0.0000)	195.449 (0.0000)
$\Delta \ln P_E^{max}$	−9.03794 (0.0000)	−13.0427 (0.0000)	206.791 (0.0000)	186.239 (0.0000)
$\ln P_E^{cut}$	6.41257 (1.0000)	11.0828 (1.0000)	8.48944 (1.0000)	11.2667 (1.0000)
$\Delta \ln P_E^{cut}$	−13.8670*** (0.0000)	−9.80560*** (0.0000)	212.933*** (0.0000)	253.711*** (0.0000)
$\ln P_E^{rec}$	−5.29377*** (0.0000)	0.73324 (0.7683)	51.634 (0.7706)	84.0129** (0.0221)
$\Delta \ln P_E^{rec}$	−18.6206*** (0.0000)	−13.5418*** (0.0000)	265.528*** (0.0000)	310.433*** (0.0000)
$\ln P$	−2.73878*** (0.0031)	5.22259 (1.0000)	38.6405 (0.9855)	69.0028 (0.1993)

变量	LLC 检验	IPS 检验	CH 检验	
			ADF–Fisher 检验	PP–Fisher 检验
$\Delta \ln P$	−9.08932 （0.0000）	−7.56879 （0.0000）	166.179 （0.0000）	164.466 （0.0000）
$\ln DD$	−12.1265*** （0.0000）	−11.3941*** （0.0000）	241.233*** （0.0000）	299.799*** （0.0000）
$\Delta \ln DD$	−22.2490*** （0.0000）	−20.4152*** （0.0000）	395.457*** （0.0000）	640.295*** （0.0000）

注：Δ 表示变量的一阶差分，根据 Schwarz 准则自动确定滞后期数，括号内为 P 值，表示在 5% 的显著性水平上拒绝存在面板单位根的假设。*** 表示在 1% 的显著性水平上拒绝存在面板单位根的原假设，** 表示在 5% 的显著性水平上拒绝存在面板单位根的原假设，* 表示在 10% 的显著性水平上拒绝存在面板单位根的原假设

3.3.2　面板协整检验

由前文的面板单位根检验结果可知，模型（3.10）的各变量均为一阶单整序列，满足面板协整性检验要求，可继续进行面板协整检验，面板协整检验结果见表 3.4。佩德罗尼（Pedroni）基于协整方程的回归残差给出了 7 个统计量来检验面板数据变量之间的协整关系，其中有 4 个组内统计量和 3 个组间统计量。如果在检验中拒绝原假设，则表明变量之间存在协整关系。在小样本中，即对于时间间隔小于 20 年的时间较短的计量分析，面板 ADF 和组间 ADF 的检验效果较好，而面板 ADF 和组间 rho 的检验效果较差，其他的处于中间。当检验结果出现不一致时，以和检验为准。Pedroni 面板协整检验结果如表 3.4 所示，从中可以看出，无论是否带有时间趋势，*Panel PP*、*Panel ADF*、*Group PP* 和 *Group ADF* 4 个统计量都在 1% 的显著性水平上拒绝不存在协整关系的原假设，而 *Panel v*、*Panel rho* 和 *Group rho* 3 个统计量均不能拒绝原假设。考虑到本小节实证研究的样本期间只有 15 年（属于小样本），我们以面板 ADF 和组间 ADF 检验为准，据此可判断变量之间存在协整关系。此外，表 3.4 中 Kao 面板协整检验结果显示，其原假设是不存在面板协整关系的，由于 *ADF* 统计量的概率值为 0.0000，在 1% 的显著性水平上拒绝原假设，所以 Kao 检验进一步支持了变量之间存在协整关系的结论。

表 3.4　面板协整检验结果

	统计量	不带有趋势	带有趋势
Pedroni 检验	*Panel v* 统计量	−2.541749 （0.9945）	−4.775044 （1.0000）
	Panel rho 统计量	4.865800 （1.0000）	5.647109 （1.0000）
	Panel PP 统计量	−10.88599*** （0.0000）	−9.423157*** （0.0000）
	Panel ADF 统计量	−10.66998*** （0.0000）	−6.905713*** （0.0000）
	Group rho 统计量	7.539132 （1.0000）	
	Group PP 统计量	−19.45867*** （0.0000）	
	Group ADF 统计量	−8.516581*** （0.0000）	
Kao 检验	*ADF* 统计量	−4.614029*** （0.0000）	

注：*** 表示在 1% 的显著性水平上拒绝不存在协整关系的原假设，** 表示在 5% 的显著性水平下拒绝不存在协整关系的原假设，* 表示在 10% 的显著性水平下拒绝不存在协整关系的原假设。括号内数值为统计变量的置信概率值

通过检验发现四个序列均为一阶单整序列，因此各变量之间必然存在协整关系。另外通过个体随机效应 Hausman 检验（见表 3.5）和个体固定效应 F 检验（见表 3.6）发现截面固定效应模型为最优估计模型。因此对协整模型进行截面固定效应回归。另外，本节借鉴梁云芳和高铁梅的面板回归方法，采用 E-G 两步法估计长期均衡方程（协整方程）。回归结果如表 3.7。从调整的 R^2 和 F 统计量来判断，模型整体拟合得比较好。$DW=1.591550$ 也表明模型的残差项不存在自相关。回归系数结果也基本符合之前的假设，可支配收入对城镇居民用电量影响最大，价格的变化次之，温度变化对城镇居民用电量影响最小。

进一步对模型的残差进行单位根检验，四种检验方法都在 5% 显著性水平上拒绝"存在面板单位根"的原假设，说明残差的原序列是平稳的（见表 3.7）。因此，E-G 两步检验法也表明变量之间存在协整关系，进一步证实了表 3.4 的检验结果。

表 3.5 随机效应 Hausman 检验

检验汇总	$Chi-Sq.$ 统计量	$Chi-Sq.\,d.f.$ 值	概率
截面随机效应	72.770794	6	0.0000

表 3.6 固定效应 F 检验

检验汇总	统计量	$d.f.$ 值	概率
$Cross-section\ F$	13.298820	（29，414）	0.0000
截面 $Chi-square$ 统计量	296.247559	29	0.0000

表 3.7 长期协整方程估计与残差序列单位根检验

估计的模型形式：$\ln E_{it} = \alpha + \beta_1 \ln I_{it} + \beta_2^{\max} \ln P_{E_{it}}^{\max} + \beta_2^{\text{cut}} \ln P_{E_{it}}^{\text{cut}} + \beta_2^{\text{rec}} \ln P_{E_{it}}^{\text{rec}} + \beta_3 \ln P_{it} + \beta_4 \ln DD_{it} + \mu_{it}$				残差序列的单位根检验		
变量	回归系数	t 检验	置信概率	检验方法	统计量	置信概率
$\ln I_{it}$	0.947757	20.40914	0.0000	LLC 检验	$-4.74502^{\star}$	0.0000
$\ln P_{E_{it}}^{\max}$	-0.079360	-0.853581	0.3938	IPS 检验	$-4.09720^{\star}$	0.0000
$\ln P_{E_{it}}^{\text{cut}}$	-0.741594	-5.009917	0.0000	ADF−Fisher 检验	$119.251^{\star}$	0.0000
$\ln P_{E_{it}}^{\text{rec}}$	0.670163	3.346687	0.0009	PP−Fisher 检验	$124.998^{\star}$	0.0000
$\ln P_{it}$	0.261263	4.574507	0.0000			
$\ln DD_{it}$	0.138698	5.669505	0.0000	—		
c	8.170993	9.977485	0.0000			
调整的 R^2	0.984765					
DW 统计量	1.591550					
F 统计量	830.2236					

注：★表示拒绝存在面板单位根的零假设

3.3.3 价格变量的内生性检验

微观经济理论表明任何商品的市场价格都是该商品供给（需求）的函数，且商品的需求量由商品的市场价格决定，同时商品的需求也会影响商品的价格。因此很难确定商品需求与商品价格间的因果关系（到底商品价格影响需求，还是需求影响价格）。在这种情况下，我们假设价格变量为一个内生的解释变量，然后运用工具变量法来证明价格变量是内生变量还是外生变量。[①] 本小节以能源价格的一阶滞后变量的对数值（$\ln P_{E_{it-1}}$）以及对数值的平方（$\ln^2 P_{E_{it-1}}$）为工具变量，将内生变量 $\ln P_{E_{it}}$ 作为解释变量，将式（3.10）中其他外生变量与 $\ln P_{E_{it-1}}$、$\ln^2 P_{E_{it-1}}$ 两个工具变量进行线性回归，根据系数的相关检验（线性回归的显著性检验与回归系数的显著性检验）的结果，工具变量与内生变量被证明是高度相关的。F 统计量的值为 93.08730 也表明工具变量满足依赖性与外生性。通过其他外生变量与 $\ln P_{E_{it-1}}$、$\ln^2 P_{E_{it-1}}$ 两个工具变量的线性回归，可得到残差项 $\hat{\mu}$，将残差项 $\hat{\mu}$ 作为新的变量代入式（3.10）中，再次进行线性回归，得到残差项 $\hat{\mu}$ 的 T 值为 3.842165，并且在 5% 的置信水平下显著，因此，我们断定能源价格变量为内生变量。

3.3.4 误差修正模型

通过面板协整分析发现，人口、居民可支配收入等变量与城镇居民用电量之间存在长期均衡关系，为了弥补长期静态模型的不足，我们进一步通过构建短期误差修正模型反映短期偏离长期均衡的修正机制。误差修正模型（Error Correction Model，ECM）常常被用来估算短期弹性。它用一个长期协整方程作为工具变量来解决伪回归问题。通过面板协整分析发现，城镇居民平均可支配收入等变量与城镇居民生活用电消费之间存在长期均衡关系。为了弥补长期静态模型的不足，本小节通过构建短期动态模型来反映短期偏离长期均衡的修正

---

① 假定我们有单个被怀疑的内生变量：

$y_1 = \beta_0 + \beta_1 y_2 + \beta_2 z_1 + \beta_3 z_2 + \mu_1$，其中 z_1 与 z_2 为外生变量，假如在式中存在未出现的另外两个外生变量 z_3 和 z_4，若 y_2 与 μ_1 不相关，我们就应该用普通最小二乘估计式，根据 Hausman 检验方法，直接比较普通最小二乘估计与二阶段最小二乘估计的估计值。若所有变量都是外生的，则普通最小二乘估计值与二阶段最小二乘估计值一致；若二者估计值明显不同，那我们就判定 y_2 必定是内生的（z_j 保持外生性）。

机制。在表 3.7 的基础上，根据式（3.10）可以得到残差序列，将其作为误差修正项，令

$$\hat{\mu}_{it} = ecm_{it} = \ln E_{it} - \hat{\alpha} - \hat{\beta}_1 \ln I_{it} - \hat{\beta}_2^{\,\max} \ln P_{E_{it}}^{\,\max} - \hat{\beta}_2^{\,cut} \ln P_{E_{it}}^{\,cut} -$$

$$\hat{\beta}_2^{\,rec} \ln P_{E_{it}}^{\,rec} - \hat{\beta}_3 \ln P_{it} - \hat{\beta}_4 \ln DD_{it} \qquad （3.11）$$

因此，可以建立如下误差修正模型：

$$\Delta \ln E_{it} = \gamma_1 \Delta \ln I_{it} + \gamma_2 \Delta \ln P_{E_{it}}^{\,\max} + \gamma_3 \Delta \ln P_{E_{it}}^{\,cut} + \gamma_4 \Delta \ln P_{E_{it}}^{\,rec} + \gamma_5 \Delta \ln P_{it} +$$

$$\gamma_6 \Delta \ln DD_{it} + \gamma_7 \Delta \ln E_{it-1} + \gamma ecm_{it-1} + \varepsilon_{it} \qquad （3.12）$$

本小节运用我国 30 个省区市 1996—2010 年的相关面板数据，对误差修正模型（3.12）进行估计，得到的回归结果如表 3.8、表 3.9 所示。

表 3.8　面板误差修正模型估计结果

变量	回归系数	标准差	t 检验	置信概率
$\Delta \ln I_{it}$	0.870367	0.077794	11.18808	0.0000
$\Delta \ln P_{E_{it}}^{\,\max}$	0.338731	0.104247	3.249313	0.0013
$\Delta \ln P_{E_{it}}^{\,cut}$	−0.724889	0.171297	−4.231771	0.0000
$\Delta \ln P_{E_{it}}^{\,rec}$	0.161346	0.214104	0.753587	0.4516
$\Delta \ln P_{it}$	0.187654	0.077922	2.408241	0.0165
$\Delta \ln DD_{it}$	0.080002	0.013760	5.813943	0.0000
$\Delta \ln E_{i,t-1}$	0.031320	0.043956	0.712531	0.4766
ecm_{it-1}	−0.401446	0.040157	−9.996833	0.0000

表 3.9　加权修正后的估计结果

变量	估计值	变量	估计值
R^2	0.188561	应变量平均值	0.170509
调整的 R^2	0.173691	因变量标准差	0.177143
$S.E.$ 回归	0.146741	残差平方和	8.225615
F 统计量	3.673759	DW 统计量	2.049597
F 统计量概率	0.000000	—	

其中，ε_{it} 为随机误差，式（3.12）表明城镇居民生活用电消费的短期波动

不仅取决于各因素的短期变化，而且还受城镇居民生活用电消费偏离均衡趋势程度（ecm_{it-1}）的影响。此外，差分序列反映各变量的波动，如 $\Delta \ln I_{it}$ 表示城镇居民平均可支配收入的波动，$\Delta \ln P_{E_{it}}$ 表示民用电价的波动等，差分序列的系数表示短期弹性。因此，长期均衡模型中的 β_2^{cut}（$\ln P_{E_{it}}^{\text{cut}}$ 的估计系数）可视为居民用电关于电价的长期弹性（即城镇居民用电的长期回弹效应）而短期非均衡模型中的 γ_3（$\Delta \ln P_{E_{it}}^{\text{cut}}$ 的估计系数）可视为居民用电关于电价的短期弹性，即城镇居民用电的短期回弹效应。

建立了模型之后，可以用误差修正模型来估算我国城镇居民能源消费的短期回弹效应。由表 3.7 可知，用普通最小二乘法估计的长期协整面板模型为

$$\ln E_{it} = 8.17 + 0.95 \ln I_{it} - 0.08 \ln P_{E_{it}}^{\text{max}} - 0.74 \ln P_{E_{it}}^{\text{cut}} + 0.67 \ln P_{E_{it}}^{\text{rec}} +$$
$$0.26 \ln P_{it} + 0.14 \ln DD_{it} + \mu_{it} \qquad (3.13)$$

以 $\ln E_{it}$，$\ln I_{it}$，$\ln P_{E_{it}}^{\text{max}}$，$\ln P_{E_{it}}^{\text{cut}}$，$\ln P_{E_{it}}^{\text{rec}}$，$\ln P_{it}$，和 $\ln DD_{it}$ 的协整回归稳定残差误差序列 ecm_{it} 作为误差修正项，建立的误差修正模型（估计结果见表 3.8）如下：

$$\Delta \ln E_{it} = 0.87\Delta \ln I_{it} + 0.34\Delta \ln P_{E_{it}}^{\text{max}} - 0.72\Delta \ln P_{E_{it}}^{\text{cut}} + 0.16\Delta \ln P_{E_{it}}^{\text{rec}} +$$
$$0.19\Delta \ln P_{it} + 0.08\Delta \ln DD_{it} + 0.03\Delta \ln E_{i,t-1} - 0.40ecm_{it-1} + \varepsilon_{it} \qquad (3.14)$$

面板误差修正项系数为 -0.401446 且在 1% 水平上显著，符合反向修正机制。具体地说，误差修正项反映了城镇人均可支配收入、人口、度日、价格等因素与城镇居民用电量在短期波动中偏离它们长期均衡关系的程度，其系数大小反映了对偏离长期均衡的调整力度，在本书中，调整力度为 0.40。DW 统计量为 2.049597，说明误差项不存在自相关，从一定意义上说明这是一个较为可取的模型。

长期协整方程与短期误差修正模型的估算结果表明我国城镇居民生活用电消费回弹效应为正，其中长期回弹效应为 0.74，短期回弹效应为 0.72，即假如由于能源效率的提高，城镇居民用电消费预期可以减少 10，而在实际中，长期只能减少 2.6，短期只能减少 2.8。由此可以推断我国城镇居民用电的增长并不是由能源效率提高造成的，它可能是由居民收入提高或者其他因素造成的。

3.4　本章小结

本章根据中国的实际国情，在国外相关研究的基础上，引入人口变量和价格两部分分法对模型进行了改进，并通过 PPP 法，运用面板数据模型测算了我国城镇居民生活用电消费的直接回弹效应。实证结果表明我国城镇居民生活用电存在明显的正回弹效应，其中长期回弹效应为 0.74，短期回弹效应为 0.72。很明显我国城镇居民生活用电消费的回弹效应小于 1，不存在回火效应，只存在部分回弹效应，即随着城镇居民用电效率的提高，虽然没有获得预期的完全收益，但是它仍然不失为一个正确的政策选择，如果没有能效提高，更多的能源将被消费。但是从节约能源的角度来看，单纯地提高能源效率的技术和政策并不像理论上预期的那么有效，因此不能将技术进步作为提高能源效率的唯一手段来实现节能或解决能源约束问题。另外从实证结果可以看出，长期内能源消费在价格下降时的弹性大于价格上升时的弹性，这与戴盖和盖特利以及哈斯和席佩尔的结果截然不同。这可能是由中国经济的长期快速增长，城镇居民可支配收入的提高造成的，而且电在我国又是一种相对较便宜的能源，长期内人们必然希望通过电的使用来获得更舒适的生活方式，各种家用电器的使用频率也相应地增加，这也就造成长期内人们对电价上涨的反应没有对电价下降的反应迅速。

本章所测算的直接回弹效应可能被高估也可能被低估，结果被高估是因为能源效率的外生性假设，能源价格不受能源效率的变化影响，而根据对称性，消费者对能效提高和能源价格下降有着相同的反应。但是为了用能源服务对能源需求的价格弹性来衡量直接回弹效应，这些假设又是必要的。结果被低估则是因为直接回弹效应与资本成本之间的关系，例如，新的高效的设备比旧的低效的设备成本更低时它可能会放大回弹效应。另外，我国城镇居民生活用电消费的回弹效应明显高于其他国家 ①。主要原因是我国正处于经济高速发展、城市化进程加速（大量农村人口涌入城市）、居民消费升级（城镇居民用电不但未达到饱和，反而随着其可支配收入的上升而继续增加）的阶段 ②。

直接回弹效应测算的主要意义在于通过测算能源的回弹效应来评估能源效

---

① 金相贤研究的韩国居民用电长期与短期回弹效应分别为 0.30 和 0.38，冈萨雷斯测算的西班牙加泰罗尼亚地区居民用电长期与短期回弹效应分别为 0.49 和 0.35。

② 文中人口与收入的长期、短期弹性的大小恰好验证了这一推断。

率改进项目的效果。政府部门在制定能源政策时不仅要关注能源效率的提高，还应该将回弹效应作为单一用能能源效率测算的另一标准，采取一系列的政策措施来控制和减小回弹效应。例如，促进能源市场化，让能源价格充分反映其各种成本及稀缺性，当市场失灵时，甚至可以依靠征收能源税、碳税、环境税等相关税务政策措施来规范能源价格；加快居民能源消费结构的调整，实现太阳能等可再生能源对化石能源的部分替代甚至是完全替代；建立一种考虑不同收入群体、不同能源消费量的能源阶梯价格体系来规范居民的消费观念与消费行为。只有这样，才能在我国目前能源价格较低、能源使用效率较低的情况下，跳出"囚徒困境"，实现能源配置的最优化，引导居民的生活能源消费方式向可持续的方向发展。

第4章 基于省际面板数据的我国道路货运直接回弹效应研究

4.1 引 言

交通运输是国民经济的一个重要组成部分，对国民经济的发展起着基础性、支撑性和服务性的作用，其特点决定了该部门在提供客货位移的运输生产服务时，必然伴随大量的能源消耗，也会带来生态环境的负面影响。随着国民经济的快速发展，人民生活水平的提高以及城镇化进程的日益加快，交通运输行业将成为未来能源消费和温室气体排放增长的主要来源之一。据国际能源署能源统计显示，1971—2010年，交通运输部门的能源消费以每年9.3%的速度增长。目前全球大约30%的能源消费，25%的二氧化碳排放来自该部门，预计到2050年全球交通运输业的能源消费量将翻一番，与交通运输相关的碳排放必须大幅削减。我国经济正在经历高速增长期。经济的增长、城市化进程的加快及机动车保有量（其中载货汽车的保有量如图4.1所示）的迅猛增加，导致了交通运输需求和服务的迅速增加，交通部门的能源消费，尤其是石油产品消费也在迅速增加，我国石油能源总消费与交通运输部门石油能源消费情况如图4.2所示。

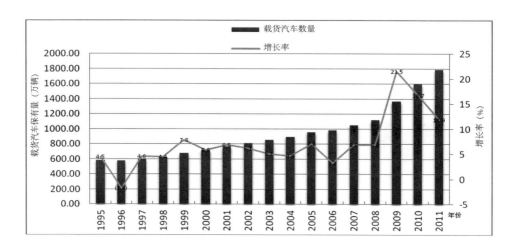

图 4.1　我国载货汽车保有量（1995—2011 年）

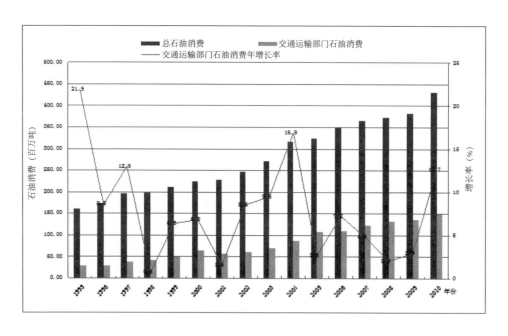

图 4.2　我国石油能源总消费与交通运输部门
石油能源消费情况（1995—2010 年）

　　交通运输作为能源消耗性行业，尤其是一次性石油能源消耗大户备受社会各界关注。1973 年的第一次石油危机之后，各国政府、交通运输主管部门及专家学者们对交通运输行业的节能环保工作高度重视。例如，美国与欧洲分别对其道路交通系统进行了重塑，采取的措施包括提高引擎技术、空气动力测试、大小与速度限制以及市场管制等。燃油经济性在之后的几十年得到显著的改进。出于减少石油进口依赖性的考虑，我国于 2005 年引入了轻型乘用车和摩托车燃料消耗标准，成为世界上为数不多的首批实施这类法规的国家之一。燃油经济标准也频繁地被中国汽车生产企业运用，并且重型卡车燃油经济标准也将于 2015 年实施。根据《公路水路交通节能中长期规划纲要》，2020 年营运车辆综合单位能耗将在 2005 年的基础上降低 15%。提高燃油经济性被认为是当前交通运输部门实现节能减排的首要政策选项，但是燃油经济性的改进会带来一定程度的"回弹效应"。能源回弹效应是否存在、回弹效应的大小等问题直接影响节能减排目标能否不折不扣地实现。但是实践表明，我国节能减排政策的实施并未充分分析能源回弹效应的大小及其作用机理，回弹效应也并未纳入我国节能减排公共政策设计中。

本章将利用中国 1999—2011 年的省际面板数据对道路货运进行了实证分析，检验中国道路货运能源消费是否存在回弹效应，其回弹效应的大小如何以及它是如何产生的。在实证研究分析的基础上，本章还将从理论上分析降低能源消费量的一些方法，以此对现有的国家能效政策进行补充和完善。

大多数的研究都依赖于公式 $RE = \eta_\varepsilon(S) = -\eta_{P_S}(S) = -\dfrac{\partial \ln S}{\partial \ln P_S}$ 和公式

$$RE = \eta_\varepsilon(S) = -\eta_{P_E}(E) = -\frac{\partial \ln E}{\partial \ln P_E}$$，但由于《中国统计年鉴》《中国能源统计年鉴》

等权威统计资料中关于各子行业能源消费数据中只有交通运输、仓储和邮政业大类的能源消费量，因此无法细分出交通运输业（道路运输、水路运输、城市交通、铁路运输、航空运输等各种运输方式）各部门的能源消费，而《中国交通统计年鉴》对各种能源服务进行了细分。因此本章用能源服务的数据来替代

能源消费量，采用公式 $RE = \eta_\varepsilon(S) = -\eta_{P_E}(S) = -\dfrac{\partial \ln S}{\partial \ln P_E}$ 来进行中国道路货物运

输直接回弹效应的估计。

4.2 交通运输部门直接回弹效应实证分析

直接回弹效应的实证研究相对较多，大多集中于汽车运输、家庭采暖、家庭制冷以及其他能源服务方面。其中，在前人大量的研究中，交通运输部门的能源回弹效应得到高度的重视。布莱尔（Blair）等利用美国佛罗里达州1967—1976年的月度数据，得出汽车运输的短期回弹效应估计值为20%～40%，长期回弹效应的估计值为25%～40%。梅奥（Mayo）等利用美国1958—1984年的数据，估计出汽车运输的短期回弹效应估计值为22%，长期回弹效应估计值为26%。另外，其他类似的研究对汽车运输的短期与长期回弹效应估计值也均小于40%。

21世纪以来，交通运输部门的能源回弹效应研究更加受到重视，斯茂和范·丹德考虑能源效率变化的内生性，用美国各州1966—2001年的面板数据通过三阶段最小二乘估计发现机动车辆能源消费的短期和长期直接回弹效应分别为4.7%和22%，且回弹效应随着收入的增加而逐渐下降。海默等利用美国1966—2004年的截面时间序列数据估算的道路运输直接回弹效应为0.16，略低于之前学者的研究，进一步证实了前人"回弹效应随着收入的增加而下降，随着能源成本的增加而上升，随着拥堵水平的上升而上升"的结论。格林尼对美国1966—2009年个人汽车和轻型卡车旅行的时间序列数据分析结果，进一步证实了人们对能源价格上升与下降反应相同的对称性假设。其关于收入与回弹效应的关系检验结果与斯茂和范·丹德的研究也极其相似。弗朗德尔（Frondel）等运用面板数据分位数回归方法估算的德国个人交通运输的回弹效应为57%～62%。该研究还发现低车辆道路里程的居民，其个人交通运输用能回弹效应远高于高车辆道路里程的居民。苏青采用美国2009年的家庭交通调查数据，通过分位数回归发现回弹效应随道路里程的分布在0.11～0.19，且收入对回弹效应的影响为正，但随着道路里程的上升而下降。费尔南多（Fernando）等利用葡萄牙道路货运部门1987—2006年的数据，研究发现其直接回弹效应为24.1%，而且运输企业更倾向于通过提高运营效率而不是提高能源效率（燃油经济性）来提高总运营效率。博格（Borger）等用丹麦1980—2007年的时间序列数据研究了影响燃油消费的决定因素，其估算的道路货运用能的短期与长期回弹效应分别为10%和17%，而且发现燃料价格的上升会促进货运能源效率的提升。

总体来看，上述各种经验估计，直接证实了交通运输部门直接回弹效应的存在，得出的结果有较大的不一致性，研究的方法也多种多样。但是，大多数文章研究的都是发达国家的实例，很少有关于发展中国家由能源效率提高引起回弹效应的研究。发展中国家交通运输部门的能源回弹效应与发达国家有着本质的不同，发展中国家的能源服务也远没有达到饱和，它所存在的回弹效应可能远远高于发达国家，在此领域中仅有的关于发展中国家的研究来自罗伊和王辉等人。其中王辉等人的研究发现我国城市客运交通的回弹效应达到惊人的96%，我国客运交通部门由能源效率提高所减少的能源消费大部分被回弹效应抵消了。

4.3　计量模型、变量和数据

4.3.1　计量模型

本章把道路货物运输周转量（亿吨千米）作为货物运输需求的估计量，即所说的能源服务需求量（S）。道路货运交通的发展受到经济、社会、环境等各个方面因素的影响，本节根据王云鹏对我国道路货运需求及道路货运碳排放的影响因素分析，从影响因素的代表性以及各影响指标数据的可获得性等方面考虑，遴选出影响货运需求的主要指标为：反映消费能力的商品零售总额（$CONS$），反映道路拥堵程度（DT）的每公里车辆数以及反映价格水平的燃料价格（P_E）。另外，本节选择了运用双对数模型来估计中国道路货运部门的直接回弹效应。因为尽管存在各种各样的估计能源回弹效应的函数模型，但是双对数模型更容易被指定和估计，且其估计的变量系数可以直接理解为变量的恒弹性。因此，将本节的计量经济模型设定为：

$$\ln TKM_{it} = \alpha + \alpha_1 \ln P_{E_{it}} + \alpha_2 \ln DT_{it} + \alpha_3 \ln CONS_{it} + \mu_{it} \qquad (4.1)$$

其中，α 为常数项，$\alpha_1 \sim \alpha_3$ 为待估计的参数，μ_{it} 为随机误差项。

TKM_{it} 为第 i 省第 t 年地区道路货运需求量（单位：亿吨千米）。

$P_{E_{it}}$ 为第 i 省第 t 年的能源价格。由于中国道路运输部门大概80%的燃料都用的是柴油，所以采用柴油的零售价格为能源的价格（以1998年为不变价格）。

DT_{it} 为第 i 省第 t 年的交通密度。交通工程师将输入量超过输出能力的现象称为拥堵（Traffic Congestion）。本节用交通密度（每公里道路里程所含机动车辆）来测量道路的拥堵程度。对于邻近的车辆来说，交通密度上升，会造成行驶速度下降，进而造成车辆行程时间的不确定性，当日货运周转量也会因此受到影响。拥堵造成的另一个重要影响是频繁的加速与启动会造成汽柴油发动机消耗更多的燃料，而且在低速时会排放更多的污染物。

$CONS_{it}$ 为社会商品零售总额（以 1998 年为不变价格）。它反映的是一定时期内人民物质文化生活水平的提高情况、社会商品购买力的实现程度以及零售市场的规模状况。社会商品零售总额的增加会直接导致货运需求的上升，对道路货运需求可能会产生正的影响。

4.3.2　数据来源

本节在模型（4.1）的框架下，对全国、东部、中部和西部地区运用面板形式的不变参数模型进行了道路货物运输部门直接能源回弹效应的实证分析。需要使用的数据包括了中国 30 个省区市 1999—2011 年的道路货运周转量、社会商品零售总额、社会民用汽车总量，公路总里程数，0# 柴油零售价格等样本。其中各省区市道路货运周转量、社会民用汽车总量及公路总里程数所涉及的数据均来源于《中国交通统计年鉴》（2000—2012 年），各省区市社会商品零售总额来源于《中国统计年鉴》（2000—2012 年），各省区市 0# 柴油零售价格前 8 年（1999—2006 年）有关数据来源于《中国物价年鉴》（2000—2007 年），后 5 年有关数据来源于万得数据宏观经济数据库。

4.4　计量结果与分析 [①]

4.4.1　面板单位根检验

计量经济理论表明，众多经济变量尤其是面板数据大都是非平稳变量，用非平稳变量进行回归分析很大程度上表现为伪回归。为避免伪回归现象，本节对各变量的平稳性进行了检验。由于面板单位根检验方法有很多种且都有各自的独特性，因此用不同的检验方法得到的结论难以做到完全一致。为了保证检

---

① 本章研究模型的估计和检验都由 Eviews 7.0 软件实现。

验结果的稳健性，提高结论的可信度，本节分别采用 LLC、IPS 和 CH 检验方法对各变量进行面板单位根检验。面板单位根检验结果如表 4.1 所示。

通过面板单位根检验，我们发现除了 $\ln P_E$ 的 LLC 检验拒绝存在面板单位根的原假设外，其余变量的检验都不能拒绝存在面板单位根的原假设，但是各变量的一阶差分均不存在面板单位根。综合三种面板单位根的检验方法，回归模型中的各变量均为一阶单整序列，因此各变量之间必然存在协整关系。

表 4.1 面板数据的单位根检验

变量	LLC 检验	IPS 检验	CH 检验	
			ADF–Fisher 检验	PP–Fisher 检验
$\ln TKM$	2.49782 （0.9938）	7.10510 （1.0000）	4.58490 （1.0000）	3.95271 （1.0000）
$\Delta \ln TKM$	−14.4134 （0.0000）	−8.50428 （0.0000）	177.017 （0.0000）	201.165 （0.0000）
$\ln P_E$	−4.60549 （0.0000）	2.56124 （0.9948）	26.0537 （1.0000）	29.7206 （0.9998）
$\Delta \ln P_E$	−17.4921 （0.0000）	−14.7531 （0.0000）	286.086 （0.0000）	330.785 （0.0000）
$\ln CONS$	−8.89460 （1.0000）	14.5055 （1.0000）	1.69101 （1.0000）	0.76913 （1.0000）
$\Delta \ln CONS$	−10.5096 （0.0000）	−6.30046 （0.0000）	138.113 （0.0000）	144.681 （0.0000）
$\ln DT$	1.76233 （0.9610）	4.62252 （1.0000）	30.2910 （0.9998）	23.7549 （1.0000）
$\Delta \ln DT$	−12.3552 （0.0000）	−8.47108 （0.0000）	176.466 （0.0000）	211.150 （0.0000）

注：Δ 表示一阶差分，根据 Schwarz 准则自动确定滞后期数，括号内为 P 值，表示在 5% 的显著性水平下拒绝存在面板单位根的假设

4.4.2 面板协整均衡与长期回弹效应分析

根据模型（4.1），通过个体随机效应 Hausman 检验和个体固定效应 F 检验发现截面固定效应模型为最优估计模型。因此本节分别对全国、东部、中部和西部地区建立面板数据形式的截面固定效应模型。如下，有关货运需求的长期均衡方程为：

$$\ln(TKM_{j,it}) = \alpha_{j0} + \alpha_{j1}\ln(P_{E_{j,it}}) + \alpha_{j2}\ln(DT_{j,it}) + \alpha_{j3}\ln(CONS_{j,it}) + \mu_{j,it} \quad (4.2)$$

其中：j=0，1，2，3，分别代表全国、东部、中部和西部地区；i 表示模型中包含的地区个数（见表4.2）；t 表示时间区间。

面板数据的单位根检验表明变量之间存在协整关系，因此本小节采用 E-G 两步法估计长期均衡方程（协整方程）。这里采用截面固定效应进行回归，估计结果见表4.2。从调整的 R^2 和 F 统计量来判断，模型整体拟合得比较好，进一步对各模型的残差进行单位根检验，四种检验方法都在 1% 显著性水平上拒绝"存在面板单位根"的原假设，说明残差的原序列是平稳的。因此，E-G 两步检验法也表明变量之间存在协整关系，下面以表4.2的估计结果为基础进行长期均衡分析：通过实证分析，我们发现全国道路货运交通的回弹效应为0.84，远高于经济合作与发展组织（OECD）国家的平均水平，其中，东部地区的回弹效应与其他地区相比最小，为0.51，中部地区最大为0.8，西部地区次之为0.78。而社会商品零售总额对东中西部地区道路货运需求的影响与柴油价格正好相反，呈现出东西中的从低到高的排列。另外从道路交通的密度来看，东部地区的交通拥堵程度为三者中最严重，它对货运需求的影响也为负，这与我们的设想刚好一致，但是中部地区的交通密度对货运需求的影响为正且高于西部地区，与我们的设想不太相符。另外，通过截面固定效应变系数模型估计发现，年回弹效应随着城镇化增长率的下降有逐步下降的趋势（见表4.3）。

表4.2 长期协整方程估计

估计的模型形式：				
$\ln(TKM_{j,it}) = \alpha_{j0} + \alpha_{j1}\ln(P_{E_{j,it}}) + \alpha_{j2}\ln(DT_{j,it}) + \alpha_{j3}\ln(CONS_{j,it}) + \mu_{j,it}$				
j=0，1，2，3 依次代表全国、东部、中部和西部地区				
参数		全国	东部	中部	西部
常数项	α_0	−6.690219*** （−13.07746）	−5.691975*** （−4.970504）	−8.891121*** （−6.951024）	−5.400921*** （−8.235164）
各因素长期均衡的影响系数	α_1	−0.842634*** （−5.618644）	−0.516447** （−2.006993）	−0.798643** （−2.207092）	−0.782739*** （−3.124608）
	α_2	1.898152*** （19.85111）	1.671939*** （8.322379）	2.000602*** （8.781983）	1.758425*** （11.31041）
	α_3	−0.114234** （−2.092929）	−0.3000498*** （−2.635123）	0.341402** （2.312696）	0.167222* （1.547823）
R^2		0.951316	0.957710	0.920607	0.935729

续表

估计的模型形式：
$\ln(TKM_{j,it}) = \alpha_{j0} + \alpha_{j1}\ln(P_{E_{j,it}}) + \alpha_{j2}\ln(DT_{j,it}) + \alpha_{j3}\ln(CONS_{j,it}) + \mu_{j,it}$
j=0，1，2，3 依次代表全国、东部、中部和西部地区

参数	全国	东部	中部	西部
调整的 R^2	0.946962	0.953448	0.912070	0.929348
DW 统计量	0.956994	0.741901	0.994596	1.046615
F 统计量	218.5006	224.7196	107.8391	146.6313
样本容量	403	143	104	156

注：★表示系数在 10% 的水平下显著，★★表示系数在 5% 的水平下显著，★★★表示系数在 1% 的水平下显著，括号内为 t 统计量

表 4.3　年回弹效应与城镇化增长率

年份	1999年	2000年	2001年	2002年	2003年	2004年	2005年	2006年	2007年	2008年	2009年	2010年	2011年
回弹效应	1.14*** (−4.74)	1.07*** (−4.89)	1.25*** (−4.42)	1.10*** (−3.95)	0.95*** (−3.36)	0.90*** (−3.19)	0.78*** (−2.97)	0.76*** (−3.04)	0.80*** (−3.01)	0.36** (−1.30)	0.42** (−1.44)	0.31* (−1.10)	0.11* (−0.39)
城镇化增长率	0.043	0.041	0.040	0.038	0.037	0.030	0.029	0.031	0.034	0.024	0.028	0.033	0.026

注：★表示系数在 10% 的水平下显著，★★表示系数在 5% 的水平下显著，★★★表示系数在 1% 的水平下显著，括号内为 t 统计量

4.4.3　面板误差修正模型与短期回弹效应分析

误差修正模型常常被用来估算短期的弹性。误差修正模型是一种特定形式的计量经济学模型，它用一个长期协整方程作为工具变量来解决伪回归问题。根据误差修正模型的定义及公式 $RE = \eta_\varepsilon(S) = -\eta_{P_E}(S) = -\dfrac{\partial \ln S}{\partial \ln P_E}$，模型所估计的道路货运需求的短期价格弹性即我们所要测算的我国道路货运部门用能的短期回弹效应。由上面估计的模型（4.2）可以得到相关的残差序列，将其作为误差修正项，令

$$ecm_{j,it} = \mu_{j,it} = \ln(TKM_{j,it}) - \alpha_{j0} - \alpha_{j1}\ln(P_{E_{j,it}}) - \alpha_{j2}\ln(DT_{j,it}) - \alpha_{j3}\ln(CONS_{j,it})$$

则可以建立如下的误差修正模型：

$$\Delta \ln(TKM_{j,it}) = \beta_{j0} + \beta_{j1}\Delta\ln(P_{E_{j,it}}) + \beta_{j2}\Delta\ln(DT_{j,it}) + \beta_{j3}\Delta\ln(CONS_{j,it}) +$$

$$\beta_{j4}\Delta\ln(TKM_{j,it-1}) + \gamma_j ecm_{j,it-1} + \varepsilon_{j,it} \qquad （4.3）$$

其中，$\varepsilon_{j,it}$ 为随机误差，式（4.3）表明中国道路货运需求的短期波动不仅取决于各因素的短期变化，而且还受道路货运需求偏离均衡趋势程度（$ecm_{j,it-1}$）的影响。此外，差分序列反映各变量的波动，如 $\Delta\ln P_{E_{it}}$ 表示 0# 柴油的价格波动，$\Delta\ln(DT_{j,it})$ 表示道路交通密度的波动，$\Delta\ln(CONS_{j,it})$ 表示社会商品销售总额的波动等，差分序列的系数表示短期弹性。

从表 4.4 可以看出，中国道路货运交通用能短期内不存在正的回弹效应，为超级节约效应，且结果与长期回弹效应截然不同[①]，短期内，各地区提高能源效率不仅能够成比例地减少能源消耗，而且还要高出预期的减少量。这说明短期内提高能源效率对减少能源消费效果非常显著。另外，短期内，道路交通密度对货运需求的影响均为正。

表 4.4　模型的面板误差修正估计

估计的模型形式：

$$\Delta \ln(TKM_{j,it}) = \beta_{j0} + \beta_{j1}\Delta\ln(P_{E_{j,it}}) + \beta_{j2}\Delta\ln(DT_{j,it}) + \beta_{j3}\Delta\ln(CONS_{j,it}) +$$

$$\beta_{j4}\Delta\ln(TKM_{j,it-1}) + \gamma_j ecm_{j,it-1} + \varepsilon_{j,it}$$

$j=0$，1，2，3 依次代表全国、东部、中部和西部地区

参数		全国	东部	中部	西部
常数项	β_0	0.055258*** （5.594282）	−0.026701* （−1.916812）	−0.062397*** （−3.091048）	0.088239*** （14.83503）
各因素短期波动的系数	β_1	0.094873*** （2.675754）	0.111939* （1.896865）	0.295508*** （2.929211）	0.130678*** （3.777887）
	β_2	0.484013*** （0.072182）	0.865405*** （7.378928）	1.343202*** （9.333835）	0.189655*** （4.726371）
	β_3	0.102669*** （4.402975）	0.072391*** （2.773107）	0.474530*** （7.164038）	0.230371*** （15.93622）
	β_4	0.139387*** （12.47540）	0.267466*** （4.510106）	0.182541*** （2.967263）	0.164081*** （32.51226）

---

① 长期回弹效应按大小排列为中、西、东，而短期回弹效应则为东、西、中。

估计的模型形式：

$$\Delta \ln(TKM_{j,it}) = \beta_{j0} + \beta_{j1} \Delta \ln(P_{E_{j,it}}) + \beta_{j2} \Delta \ln(DT_{j,it}) + \beta_{j3} \Delta \ln(CONS_{j,it}) +$$

$$\beta_{j4} \Delta \ln(TKM_{j,it-1}) + \gamma_j ecm_{j,it-1} + \varepsilon_{j,it}$$

j=0，1，2，3 依次代表全国、东部、中部和西部地区

参数		全国	东部	中部	西部
各因素短期波动的系数	γ	−0.303449*** （−20.189111）	−0.260256*** （−8.031111）	−0.350990*** （−7.719242）	−0.354672*** （−59.77356）
R^2		0.698807	0.576557	0.721440	0.991437
调整的 R^2		0.694312	0.558146	0.704455	0.991098
DW 统计量		1.944734	2.047098	2.153863	2.074875
F 统计量		155.4489	31.31658	42.47429	2917.819
样本容量		341	121	88	132

注：* 表示系数在 10% 的水平下显著，** 表示系数在 5% 的水平下显著，*** 表示系数在 1% 的水平下显著，括号内为 t 统计量

4.5　本章小结

本章分别用双对数模型和误差修正模型估算了中国各地区道路货运部门的长期与短期直接回弹效应。实证研究结果表明中国道路货运部门长期内存在部分回弹效应，且全国、东部地区、中部地区、西部地区的长期回弹效应分别为84%、52%、80% 和 78%；短期的回弹效应为负，为轻微的超级节约效应，且其大小排列与长期回弹效应刚好相反，这可能是因为短期内中部地区的道路货运需求对价格变化更敏感。长期来看，由能源效率提高引起的能源节约大部分都被抵消了，单纯地提高能源效率的技术和政策并不像理论上预期的那么有效；但是，短期来看，在当前形势下提高能源效率仍然为减少能源消费的有效途径。从我国的中长期发展出发，我们不能将技术进步作为提高能源效率的唯一手段来实现节能或解决能源约束问题，应该把回弹效应的大小作为单个用能的能源效率测算的另一标准，使其他影响能源消费的重要影响因素也加入评价标准中。

另外，我国道路货运部门能源消费的回弹效应随着城镇化增长率的下降存在着下降的趋势。可见虽然能源效率的提高会引起回弹效应，但是因规模效

应而引起的能源消费增加的作用在减弱。本章所测算的短期直接回弹效应可能被低估，由于中国原油价格已经与国际接轨实现市场化，使得国内成品油价格市场化程度明显加强，波动频率明显加快，在国家发展和改革委员会发布的2005—2012 年的 34 次调价过程中，其中有 23 次是提高价格，燃油实际价格短期内上升明显，有效抑制了对成品油的短期需求，使得本章估计的短期回弹效应偏低。

本章的主要意义在于通过测算能源回弹效应来评估燃油经济性改进项目的实施效果。研究发现，中长期内回弹效应对交通货运部门的能效政策存在明显制约，因此政府有关部门在制定交通能效政策时不仅要注重机动车燃油经济性的提高，还应该对道路交通网络进行科学的规划管理，同时提高各货运企业的科学运营管理能力，将交通政策专注于改善流动性和提高可达性方面，大力降低道路拥堵程度，这样将更加有利于降低地区燃油消耗量，使节能减排工作更加卓有成效。另外，政府应该继续促进能源市场化的实行，让能源价格充分反映其各种成本及稀缺性。在市场失灵时，甚至可以依靠征收能源税、碳税、环境税等相关政策措施来规范能源价格，只有这样才能在我国目前能源价格较低、能源使用效率较低的情况下，跳出"囚徒困境"，引导我国的道路货运能源消费向可持续的方向发展。

第5章　间接回弹效应测算方法与应用研究

5.1　间接回弹效应定义与作用机制

对直接回弹效应机制的讨论仅限于消费（投入）能源服务和另一种并不消耗能源的商品（生产要素）的情形，即假定能源效率的改进与其他商品和服务的需求无关，且这些商品和服务的生产和使用并不需要消耗任何能源，但这一假设在现实世界中无疑是很难成立的。能源效率改进所带来的能源服务成本的降低，很可能会对其他多种商品和服务的需求产生不可低估的影响，其中与能源服务之间表现为替代关系的商品和服务，往往会在这种影响下需求减少，而与能源服务之间表现为互补关系的商品和服务，其需求往往会增加。如果这些商品和服务的生产同样需要能源服务要素，那么某种能源效率改进引起的对生产这些商品和服务的能源需求的增加，就是格瑞宁等所谓的衍生回弹效应。显然，衍生回弹效应的一个直接决定因素是其他商品或服务的需求对效率改进的能源服务成本（价格）的弹性大小。同时，格瑞宁等人也认为对于消费者而言，衍生回弹效应的大小取决于能源服务支出在消费者总收入或总支出中的比重，但由于这一比重通常相对较小，所以衍生回弹效应可能并不明显。对于厂商而言，衍生回弹效应主要源于两方面：其一，产出的增加带动其生产过程中非能源要素投入的相应增加；其二，一个产业生产成本的降低对其他产业生产成本所产生的影响。厂商端的衍生回弹效应也相对较小。

如前文所述，相关研究大多将格瑞宁等人提出的衍生回弹效应的范围扩大，并将其作为间接回弹效应的一个作用机制。例如，加万卡和耶尔将间接回弹效应的含义概括为：某种能源效率的改进引起其他产品和服务需求的增加，从而带动生产这些产品和服务所需的能源消费增加，即回弹效应的范围超出了效率改进的那种能源本身。他们认为间接回弹效应可以被粗略地利用以下两类作用机制来进行解释。

①衍生效应：某种能源效率改进所带来的能源服务成本下降，使得消费者的可支配收入份额增加、厂商的生产成本下降，进而引起其他产品和服务的相关能源消费增加，这种影响主要通过超出该种能源（服务）本身的替代效应和收入（产出）效应而产生。

②隐含能效应：改进能源效率本身所需要的材料设备（如绝热材料）、实现或制造更高效的能源服务或产品本身都需要消耗能源，这意味着增进能源效率这一过程本身对相关节能产品需求的增加间接带来了更多的能源需求。

可见，间接回弹效应的大小在很大程度上也同样取决于替代效应和收入效应的综合影响，只不过这种替代效应和收入效应是在某种能源服务与其他多种产品和服务之间发生的。

赫林和索雷尔也指出即使直接回弹效应并未发生，如消费者在汽车燃油效率改进的情况下也没有行驶更多的里程，也同样存在其他因素导致实际节能效果小于预期节能效果，间接回弹效应就是其中之一。他进而对间接回弹效应的作用机制进行了更为多样的阐述。除上述隐含能效应外，他还提出了以下四种作用机制。

①再支出效应：消费者可能利用源于能源效率改进所节约的开支，去购买其他需要消耗能源才能获取的商品和服务。例如，采取更具能效的集中供热系统所省的开支可能被用于去国外度假，从而引起交通燃油消费的增加。

②产出效应：生产者可能利用源于能源效率改进所节约的开支去增加产出，从而增加资本、劳动和物料的投入，这些投入本身也需要消费能源。一旦能源效率改进在产业部门内部被广泛实现，那么该部门的产品价格将会下降，引起其需求增加，进而带动相关产品（互补性产品）的消费增加，进一步促使这些产品的相关能源消费相应增加。这些效率的改进共同促使总体经济生产率得以提高，并刺激经济增长，从而带动产品、服务以及能源消费增加。

③能源市场效应：短期内效率改进所引起的能源需求大量减少可能使能源价格降低，进而拉动能源消费增加。能源价格的下降还会使真实收入有所增加，从而通过追加投资而对总产出和能源消费产生额外的促进作用。

④复合效应：能源效率的改进以及引起的能源价格的下降，使能源密集型产品和服务较非能源密集型产品和服务的成本大大降低，进而拉动消费需求更多地转向能源密集型产品和服务。

容易看出，不同于直接回弹效应仅限于微观经济层面，赫林和索雷尔所提出的间接回弹效应的作用机制既涉及相关微观经济行为，也关系到一些宏观经济因素。这与埃尔哈特·马丁内斯（Ehrhardt-Martinez）和斯基普·莱特纳（Skip-Laitner）的观点不谋而合。他们对直接和间接回弹效应的作用机制进行了概括性阐述，并指出间接回弹效应发生于那些没有直接因果联系的产品和服务之间，且源于购物欲望、生产和奢侈品消费的增加。在微观经济层面，他们认为间接回弹效应可能是能源成本降低或经济增长所引起的富裕程度提高的一个结果。而赫林和索雷尔也指出能源成本降低可能导致消费者偏好发生转变，使其选择更多消费的能源服务而不是其他产品和服务，如图 5.1 所示。

另外，埃尔哈特·马丁内斯和斯基普·莱特纳还指出消费者可能会选择购买和使用更多的能源设备，以增加这些设备为他们带来的奢华感或舒适度。在宏观经济层面，他们认为间接回弹效应可能产生于生产能源设备、能源产品和能源服务所需的额外能源需求，以及赫林和索雷尔所提出的那些衍生效应。可见，埃尔哈特·马丁内斯和斯基普·莱特纳的观点与赫林和索雷尔的论断可以很好地相互支持和印证。

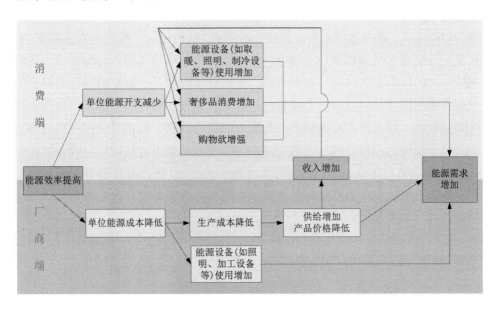

图 5.1　消费端和厂商端直接及间接回弹效应的作用机制

尽管对于间接回弹效应的经济机制目前已被学界广为接受，但在其范围界定和重要程度等方面仍然存在争议。如索雷尔将整体经济回弹效应视为直接和间接回弹效应累加的结果，但加万卡和耶尔则坚持认为整体经济回弹效应严格区别于直接和间接回弹效应，并非二者的简单累积，而是某种能源效率改进在不同经济部门产生的包括直接和间接回弹效应在内的多重影响的综合结果，其中效率改进对经济生产率增长所发挥的作用，较消费者或厂商层面的实际成本最小化效应更为重要。

在卡扎姆和布鲁克斯的研究基础上，桑德斯采用新古典增长理论解释了回弹效应，他认为能源效率改进会增加能源消费总量，资本和劳动生产效率的改进也均会使能源消费总量增加。与桑德斯的研究思路不同，格瑞宁等从微观经济学的效用和成本理论出发，基于回弹效应的作用机制对其进行了分类，格瑞宁等将回弹效应分为直接效应、衍生效应、经济层面效应与变革效应。尤其是前三种作用机制为后续研究者所遵循，索雷尔、加万卡和耶尔将衍生效应的讨论范围扩大为间接效应。回弹效应可能来自生产部门或者终端消费部门能源服务效率的改进。在生产端，能源回弹效应引发的问题是，政府对企业高强度的能源效率刺激政策以及企业微观层面的能源效率技术改进行为的节能减排效果可能不如一般预期的那样有效。而在消费端，回弹效应受终端能源消费者的消费行为及观念影响深远，其至少可以分为两类：首先，节能技术会减少能源服务的边际成本，这将会增加对能源服务的需求，我们把这一机制称为价格效应；其次，节能技术使用所节约的资金可能增加其他终端服务或商品的消费，我们把这一机制称为收入效应。在消费端，与该分类机制几乎等价的是把回弹效应分为直接与间接回弹效应。直接效应包含了技术进步对该服务的任何效应，间接效应包含了技术进步对其他产品和服务的任何效应。直接与间接回弹效应之和为经济层面的回弹效应。直接与间接回弹效应都是由价格效应与收入效应引起的。托马斯（Thomas）和阿泽维多（Azevedo）以居民能源消费为例系统说明了能源效率变化前后直接回弹效应、间接回弹效应与收入效应及替代效应之间的关系，如图 5.2 所示。

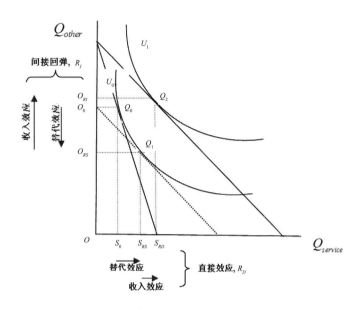

图 5.2　居民回弹效应斯勒茨基分解

在图 5.2 中，Q 表示消费者需求，$Q_{service}$ 为能源服务，Q_{other} 为其他商品和服务，消费者的初始预算约束为能源效率的函数 $B(\varepsilon_0)$ ，当能源效率改进，由 ε_0 变化至 ε_1 时（ $\varepsilon_0 < \varepsilon_1$ ），能源服务的价格下降，预算约束将移动至 $B(\varepsilon_1)$ ，这意味着消费者的效用最大化的消费约束也将从 $Q_0(S_0, O_0)$ 移动至 $Q_2(S_{RD}, O_{RI})$ 。因此，消费者对能源服务于其他商品的需求可以分解为价格效应与收入效应。

将回弹效应分解为替代效应与收入效应仅限于理论分析，在实证研究中基本不可能对二者进行分别考察，而只能实现对其总体反映的回弹效应进行测算。回弹效应很难测算，并且在不同的环境下，回弹效应的大小和重要性仍然存在很多争议。自回弹效应问题提出以来，寻找对其规模大小和影响程度进行测算与判断的模型与方法，就成为学界努力追求的主要研究目标。但是，由于回弹效应的运行通过一系列不同的机制，缺乏透明度，这使得回弹效应的研究持续紊乱。一般说来，在评价能源效率的潜在影响时回弹效应通常被忽略。但是在实际制定节能减排政策的过程中，若未考虑回弹效应则会拖延甚至阻碍节能减排目标的实现，这使得回弹效应的测算显得尤为重要。回弹效应的大小在很大程度上决定着提高能源效率对于降低能源消费的有效程度，值得引起相关部门足够的重视。

目前学界对于直接与间接回弹效应总效应的实证研究还非常少见，少数相关研究也均存在一些明显的缺陷。本章将从居民层面对直接与间接回弹效应进行考察，总结直接与间接回弹效应的测算方法，探讨非对称价格变化下的直接回弹效应的测算，并通过整合消费者需求理论与投入产出理论，构建广义环境能源投入产出模型，克服数据不可获得性难题，建立收入弹性、权重变化及按比例再支出三种测算情景，估计间接回弹效应。

5.2 间接回弹效应的测算

5.2.1 间接回弹效应的测算方法

对于居民部门而言，消费者可能会使用由于能源效率提高所节约的成本去购买其他需要消耗能源的商品或服务，而且节能设备本身的制造也需要消耗能源，这些隐含的能源消费也将会部分抵消所取得的节能成果（如节能空调使用所节约的资金可能会促使人们进行一次海外旅行）。随着居民收入的增加，与直接回弹效应相比，间接回弹效应的测算与影响变得越来越重要。间接回弹效应的大小在很大程度上也同样取决于替代效应和收入效应的综合影响，只不过这种替代和收入效应是在某种能源服务与其他多种产品和服务之间发生的。终端消费模式变化引起的间接能源回弹效应可以通过能源投入产出模型来估算，能源投入产出模型将能源供给链与居民消费支出联系起来。能源投入产出模型如下所示：

$$E = VY = F(I - A)^{-1}Y \qquad (5.1)$$

其中，V 为完全消耗矩阵，F 为直接消耗系数矩阵，$(I - A)^{-1}$ 为列昂惕夫逆矩阵，Y 为居民消费支出矩阵，且在假设储蓄为 0 时，总支出

$$y = x_S \cdot P_S + \sum_{O=1; O \neq S}^{n} x_O P_O \qquad (5.2)$$

根据回弹效应的原始定义可得，直接与间接回弹效应为：

$$\text{直接与间接回弹效应}(RE_{D+I}) = \frac{\text{回弹消费}}{\text{预期节约}} = \frac{\text{预期节约} - \text{实际节约}}{\text{预期节约}} \quad (5.3)$$

其中，预期节约 $=\delta E=\delta v_S y_S$，而

实际节约=直接消费实际节约+间接消费实际节约

　　　　=（原直接消费-现直接消费）+（原间接消费-现间接消费）

$$= (v_S y_S - v_S y_S{}') + (\sum_{O=1;O\neq S}^{n} v_O y_O - \sum_{O=1;O\neq S}^{n} v_O y_O{}') \qquad （5.4）$$

$$= [v_S y_S - (1-\delta + RE_D\delta)\, v_S y_S] + (\sum_{O=1;O\neq S}^{n} v_O y_O - \sum_{O=1;O\neq S}^{n} v_O y_O{}')$$

$$= (\delta - RE_D\delta)\, v_S y_S + (\sum_{O=1;O\neq S}^{n} v_O y_O - \sum_{O=1;O\neq S}^{n} v_O y_O{}')$$

由此可得直接与间接回弹效应为：

$$RE_{D+I} = \frac{\delta v_S y_S - [(\delta - RE_D\delta)\, v_S y_S + (\sum_{O=1;O\neq S}^{n} v_O y_O - \sum_{O=1;O\neq S}^{n} v_O y_O{}')]}{\delta v_S y_S}$$

$$= \frac{RE_D\delta v_S y_S + (\sum_{O=1;O\neq S}^{n} v_O y_O{}' - \sum_{O=1;O\neq S}^{n} v_O y_O)}{\delta v_S y_S} \qquad （5.5）$$

$$= RE_D + \frac{(\sum_{O=1;O\neq S}^{n} v_O y_O{}' - \sum_{O=1;O\neq S}^{n} v_O y_O)}{\delta v_S y_S}$$

$$= RE_D + RE_I$$

则间接回弹效应为：

$$RE_I = \frac{(\sum_{O=1;O\neq S}^{n} v_O y_O{}' - \sum_{O=1;O\neq S}^{n} v_O y_O)}{\delta v_S y_S} \qquad （5.6）$$

5.2.2　间接回弹效应测算方法的能源投入产出模型

传统的投入产出核算理论是建立在纯经济系统分析基础之上的，没有考虑与经济活动密切联系的能源消耗因素，而能源投入产出模型的功能则主要是在对经济－能源关系进行描述的基础上研究经济活动与能源利用之间的相互影响关系。根据分析的需要和能源数据条件，我们把 135 个部门合并为国民经济 8

大部门，具体为：①农、林、牧、渔业；②工业（包括采掘业、制造业、公用事业生产与供应等 24 个部门）；③建筑业；④货物邮电业（包括交通运输及仓储业、邮电业和信息传输、计算机服务和软件业）；⑤商业饮食业（包括批发和零售贸易业、住宿和餐饮 2 个部门）；⑥其他非物质生产部门（包括金融保险业、房地产、租赁业和商务服务业、旅游业、科教文卫、行政机关和其他部门）；⑦农村居民服务部门；⑧城镇居民服务业部门。中国 8 部门投入产出表见表 5.1。

表 5.1   中国 8 部门投入产出表（2007）

（单位：千元）

一	①	②	③	④	⑤	⑥	⑦	⑧
①	60400110.19	216559515.56	2277359.13	3335154.27	15674241.38	2790109.94	276008.58	320804.52
②	90008104.28	2864042776.76	333088862.11	114943816.20	77723112.91	209686016.88	2373736.72	7908740.00
③	99483.09	1403370.77	5252379.96	1202683.05	1120687.89	8119004.64	0.00	367436.73
④	8526213.99	120522795.66	49857423.00	27135123.55	28035210.11	34127169.15	188471.23	686565.73
⑤	7480245.82	108346026.17	17765047.69	10636936.23	12361055.34	45939771.36	347287.29	1048630.65
⑥	10921720.38	157034898.80	15054089.18	31185371.49	46561747.83	92414995.70	933238.42	3261519.98
⑦	125821.52	42824.15	0.00	3524.14	187815.00	738944.09	177788.49	0.00
⑧	146242.24	142680.13	104486.99	12837.80	567105.60	2582492.16	0.00	1040625.59

5.3   间接回弹效应测算的三种情景

本节将设置三种测算情景来估计北京市居民生活用电间接回弹效应。第一种情景利用居民各部门支出的收入弹性来估算能源效率改进后各部门消费支出的变化；第二种情景根据能源效率改进前后的各部门支出的权重变化来估算各部门支出的变化，以此来测算能源效率改进之后各部门用电消费的变化，进而测算出间接回弹效应；第三种情景则是将能源效率改进后所获得的资金节约按比例平均分配到各部门，以此测算效率改进后各部门用电的变化量，进而计算间接回弹效应。

5.3.1   收入弹性情景

这种情景通过把由能源效率提高所产生的货币节约的重新分配作为各部门需求对收入的弹性函数来估算居民部门能源消费的变化。这种情景方法已经有相关学者冈萨雷斯和杜克曼等进行过实证研究。

能源效率提高后的第 i 部门预算支出为：$x'_i P_i = (1 + \dfrac{\Delta x_i}{x_i})\, x_i P_i$，由于

$\eta_y(x_i) = \dfrac{\dfrac{\Delta x_i}{x_i}}{\dfrac{\Delta y}{y}}$，则把第 i 种商品需求对收入的弹性代入，则上式可表示为：

$$x'_i P_i = [1 + \eta_y(x_i) \cdot \frac{\Delta y}{y}] x_i P_i \tag{5.7}$$

根据直接回弹效应的相关测算，能源效率提高引致的支出变化可以表示为：

$$\Delta y = E \cdot P_E - E' \cdot P_E = [1 + \eta_{P_E}(E)] \cdot \delta E \cdot P_E \tag{5.8}$$

则消费支出的变化比率为：

$$\frac{\Delta y}{y} = \frac{E \cdot P_E - E' \cdot P_E}{y} = \frac{[1 + \eta_{P_E}(E)] \cdot \delta E \cdot P_E}{y} \tag{5.9}$$

将式（5.9）代入式（5.7），那么第 i 部门能源效率提高后的预算支出可以表示为：

$$x'_i P_i = \left\{ 1 + \eta_y(x_i) \frac{[1 + \eta_{P_E}(E)] \cdot \delta E \cdot P_E}{y} \right\} x_i P_i \tag{5.10}$$

根据间接回弹效应的定义式（5.6）及以上分析，则由收入弹性估计的间接回弹效应为：

$$
\begin{aligned}
RE_{I_{IE}} &= \frac{\displaystyle\sum_{i=1; i \neq S}^{n} v_i \Delta x_i P_i}{\delta E} = \frac{\displaystyle\sum_{i=1; i \neq S}^{n} F(I-A)^{-1} \cdot \eta_y(x_i) \cdot x_i P_i \cdot \dfrac{[1 + \eta_{P_E}(E)] \cdot \delta E \cdot P_E}{y}}{\delta E} \\
&= \sum_{i=1; i \neq S}^{n} F(I-A)^{-1} \cdot \eta_y(x_i) \cdot x_i P_i \frac{[1 + \eta_{P_E}(E)] \cdot P_E}{y}
\end{aligned}
\tag{5.11}
$$

5.3.2　权重变化情景

这种情景是根据各部门支出占总支出变化的比率来估算各部门相关能源消费的变化。第 i 部门在能效提高后的支出可以表示为原支出加变化的支出，即

$$x'_i P_i = x_i P_i + \Delta x_i P_i \qquad (5.12)$$

根据微观经济学相关定义，变化的支出可以表示为：

$$\Delta x_i P_i = \omega_i \cdot \eta_y (x_i P_i) \cdot \Delta y \qquad (5.13)$$

其中根据恩格尔聚合性质有：

$$\sum_{i=1; i \neq S}^{n} \omega_i \cdot \eta_y (x_i P_i) + \omega_{E'} = 1 \qquad (5.14)$$

根据式（5.12）、式（5.13）及变化的支出 Δy，我们可以把能源效率改进后的第 i 部门支出表示为：

$$x'_i P_i = x_i P_i + \omega_i \cdot \eta_y (x_i P_i) \cdot \left\{ [1 + \eta_{P_E}(E)] \cdot \delta E \cdot P_E \right\} \qquad (5.15)$$

根据以上分析及间接回弹效应的定义式（5.6），按支出份额变化重新分配资金节约量，产生的间接回弹效应为：

$$RE_{I_{WC}} = \frac{\sum_{i=1; i \neq S}^{n} v_i \Delta x_i P_i}{\delta E} = \frac{\sum_{i=1; i \neq S}^{n} F(I-A)^{-1} \cdot \omega_i \cdot \eta_y (x_i P_i) \cdot \left\{ [1 + \eta_{P_E}(E)] \cdot \delta E \cdot P_E \right\}}{\delta E}$$

$$= \sum_{i=1; i \neq S}^{n} F(I-A)^{-1} \cdot \omega_i \cdot \eta_y (x_i P_i) \cdot [1 + \eta_{P_E}(E)] \cdot P_E \qquad (5.16)$$

5.3.3 按比例再支出情景

本情景按照能源效率提高后，居民各部门支出所占总支出的比例重新分配由能源效率提高后导致的货币节约量。按比例重新分配后的各部门支出可表示为：

$$x'_i P_i = x_i P_i + \frac{x'_i P_i}{y - \Delta y} \cdot \Delta y \qquad (5.17)$$

则

$$x'_i P_i = x_i P_i \cdot \frac{y - \Delta y}{y - 2\Delta y} \qquad (5.18)$$

那么按比例重新分配节约资金后的居民各部门支出增加量为：

$$\Delta x_i P_i = x'_i P_i - x_i P_i = x_i P_i \cdot \frac{[1+\eta_{P_E}(E)] \cdot \delta E \cdot P_E}{y - 2[1+\eta_{P_E}(E)] \cdot \delta E \cdot P_E}$$

$$= x_i P_i \cdot \frac{[1+\eta_{P_E}(E)] \cdot \delta E \cdot P_E}{y - 2[1+\eta_{P_E}(E)] \cdot \delta E \cdot P_E} \qquad (5.19)$$

根据以上分析及间接回弹效应的定义式（5.6），按比例重新分配资金节约量，产生的间接回弹效应为：

$$RE_{I_{PS}} = \frac{\sum_{i=1; i \neq S}^{n} v_i \Delta x_i P_i}{\delta E} = \frac{\sum_{i=1; i \neq S}^{n} F(I-A)^{-1} \cdot x_i P_i \cdot \frac{[1+\eta_{P_E}(E)] \cdot \delta E \cdot P_E}{y - 2[1+\eta_{P_E}(E)] \cdot \delta E \cdot P_E}}{\delta E} \qquad (5.20)$$

5.4 间接回弹效应测算结果

5.4.1 实证结果

通过对能源效率改进后居民收入节约的重新分配，以及收入弹性、权重变化、按比例再支出三种情景的模拟，本章测算了我国城镇居民用电的直接与间接回弹效应，表 5.2 表明了三种情景下所测算的短期与长期我国城镇居民用电的间接回弹效应，且测算结果是基于第 3 章中所测算的直接回弹效应的结果。

表 5.2 按不同情景估计的我国城镇居民生活用电间接回弹效应

情景	短期间接回弹效应 （直接效应：72%）	长期间接回弹效应 （直接效应：74%）
收入弹性	19.8%	18.4%
权重变化	20.8%	19.3%
按比例再支出	19.8%	18.4%

表 5.2 的估计结果表明，基于三种情景所测算的中国城镇居民用电的短期间接回弹效应大小为 19.8% ～ 20.8%，长期间接回弹效应大小为 18.4% ～ 19.3%。这意味着，假如我国某一城镇居民因能源效率的改进获得了 10 个单位的效益，由于直接与间接回弹效应的存在，在长期内最终获得 0.7 个

单位的收益（长期直接与间接回弹效应大概为93%），有9.3个单位的效益被再次消费了；在短期内最终只能获得0.8个单位的效益（短期直接与间接回弹效应为92%），有9.2个单位的效应被再次消耗了。也就是说，由于城镇居民用电直接与间接回弹效应的存在，能源效率改进所引起的大部分的潜在收益都被回弹效应抵消了，这也表明，尽管改革开放40多年来，城镇居民的用电消费大大增长，但仍然没有获得满足。

城镇居民用电回弹效应的测算结果包含几个重要的政策含义。首先，政府相关部门仍然需要对制定相关引导居民可持续消费的政策保持持续强烈关注。由于经济的持续快速增长以及城镇居民可支配收入的迅速增加，我国居民对用电服务的相关设备的购买力在持续快速增长，相关部门必需认识到解决居民用电持续增长的正确方法应该是引导居民的生活方式向可持续消费方向发展，尤其是对于相关用电设备的购买。只有这样，居民用电才能打破高效率高消费的怪圈，回弹效应才能得到有效遏制。另外，在能效提高时，维持居民电价的不变，甚至是微增，把环境成本有效地包含至用电成本中，使得在能效提高时，居民用电成本不会迅速降低。这样可以有效遏制在使用高效率的家用电器时用电的浪费，有效地抑制能源回弹效应的上升。再次，虽然能源节约技术的使用常常会引起回弹效应，但是中国城镇居民用电的回弹效应并没有达到逆反效应，因此，城镇居民用电效率的提高仍然可以被认为是降低城镇居民用电消费的有效的途径，政府部门应该继续对能源节约行业持续投资或者对相关行业的发展给予政策优惠，促进能源节约行业的持续发展。同时，促进节能技术与节能产品的开发。秋野（Akinobu）等的研究证明，由于终端设备的能源效率的改进，我国的能源消费降低了28%，欧阳金龙等人也指出能源效率的改善在降低能源消费方面起着积极的作用（如果没有能源效率改进这一途径的话，中国能源消费的增长形势将会更糟糕）。能源节约技术的进步不仅扮演着降低能源消费的积极作用，也能促进整个社会对节能行为的进一步理解与执行。

5.4.2　与其他研究成果的结果比较

回弹效应的大小高度依赖于所做研究的具体情况。当前，可以比较的相关研究仍然非常少，与我们的研究最相近的两个研究是冈萨雷斯的研究以及托马斯和阿塞韦多的研究，其中冈萨雷斯基于能源需求双对数函数、收入再支出模型与扩展的环境能源投入产出模型的计量经济综合模型对西班牙加泰罗尼亚地区的居民用电所做的估计发现，该地区的居民用电长期与短期回弹效应分别为 36% 和 49%，基于收入弹性情景所估算的短期直接与间接回弹效应为 56.47%，长期直接与间接回弹效应为 65.31%，基于按支出比例再支出情景所估算的短期直接与间接回弹效应为 55.79%，长期直接与间接回弹效应为 64.77%。本章的两种估算方法也是基于此，但本章面对的研究现状更为复杂，具体表现在以下几方面。第一，本章基于我国 30 个省区市的数据，可能会存在空间地域上的差距，各地的购买力会存在差距，为了减小这种差距对估算结果的影响我们用 PPP 法对各地的购买力进行了平衡。第二，由于我国的居民电力市场还并未完全市场化，电价并未完全反映技术进步所造成的影响，出现时高时低的波动现状，为了完全反映技术进步的影响，本章对电价进行了分解。以价格的下降估计系数来反映能源效率的提高所带来的回弹效应是否符合对称性假设。第三，中国能源统计年鉴与中国投入产出表中对各部门的划分口径有个别部门存在不一致，且中国能源统计年鉴对终端能源消费的部门划分只有 8 个，因此我们将中国投入产出表相关数据进行了合并与分解以使二者的部门划分与数据保持一致。第四，我们发现我国的短期直接与间接回弹效应与长期直接与间接回弹效应均高于冈萨雷斯的研究结果。

格瑞宁等人指出各个国家回弹效应的大小不一致，主要是因为各国的能源利用成本与消费者需求完全不一样。我国城镇居民用电回弹效应太大主要是因为：第一，相对较低与僵化的居民用电费用使得我国城镇居民的节电意识缺乏，在此种情势下，能源效率的改进将对消费者的用电消费行为产生深远影响，消费者的用电需求将会快速积累。一些研究者甚至认为能源服务价格的降低是高回弹效应的直接原因。第二，我国作为经济快速发展的发展中国家，每年已经有大量的农村人口涌入城市，城镇居民的可支配收入迅速增长，对日常舒适、方便生活的需求快速增加，这些都进一步促进了城镇居民的用电需求。第三，我们也得到与冈萨雷斯研究类似的结果，即直接回弹效应越小而间接回弹效应会越大，这可能是我们都是基于把由能源效率提高导致的支出节约全部重新花费在居民终端消费中这一假设的缘故。

另外，虽然托马斯和阿塞韦多的估算方法更为科学与精确，但由于我国具体实际情况以及数据的可得性方面的一些原因，本章还无法做到，只是在建模型的过程中利用托马斯和阿塞韦多的一些思想建立了按权重变化的测算情景，所获得的结果与前两种情景也基本相同。

5.4.3 研究限制

在以上的三种模拟情景中，我们对间接回弹效应的计算都是基于之前所估算的直接回弹效应的结果进行的。另外，我们假设把由能源效率提高导致的支出节约全部重新花费在居民终端消费中，因此在计算居民用电间接回弹效应时，扣除了能效提高后用于居民部门的电力消费支出，以避免多次计算。然而，即使如此，在对我国城镇居民的间接回弹效应测算的实证研究中，仍然存在一些局限性与需要注意的地方。

第一，为了能够简单明了地估算出能源回弹效应，我们在上面的三种情景中都做了专门的简化。在研究中我们并没有考虑居民的资本支出，在计算中也没有具体考虑因能效提高所导致的能源服务价格下降引起的替代效应与收入效应。

第二，由于只有2007年的《中国投入产出表》有详细的居民服务部门的投入产出数据，其余年份的投入产出表均未将居民部门细分，可能导致我们的结果只能反映当时的回弹效应，具有一定的片面性。

第三，居民支出与收入数据采用的都是平均数，这忽略了回弹效应在不同收入群体之间具有不同的表现特征。例如，居民用电服务价格的降低可能会极大促进低收入居民对与电相关的商品和服务的消费；而对那些收入较高的居民来说，其对与电相关的商品和服务的消费已经饱和，即使居民用电服务价格继续下降也无法促进其对电的需求，只会促进其对其他与电无关的服务的消费，这可能会导致高收入的居民间接回弹效应大于直接回弹效应。要区别这些变化特征，进行更深入的研究就需要引入更详细的居民消费支出统计数据及更复杂的数学方法。

另外，除了上述这些缺陷外，在建模的过程中我们也做了一些假设，比如对称性和外生性，希望在将来的研究中能弥补这些缺陷。但是，尽管存在这些限制与缺陷，本章还是展示了一种通过估算能效提高前后居民支出变化来间接计算间接回弹效应的方法，并且在计算中避免了对能效提高后支出节约在居民部门重新支出的双重计算。

5.5　本章小结

在能源消费领域，关于能源回弹效应与能源效率改进之间一直存在着激烈的争论，考虑到中国经济快速增长以及环境日益恶化的背景，这一争论尤为激烈，也吸引了越来越多的相关政策的制定来消除回弹效应的影响。

同样是为了解决能源改进与能源效率增加之间的矛盾，本章提供了一种测算由能源效率改进引起的我国城镇居民用电直接与间接能源回弹效应的方法。本章主要基于 2007 年的《中国投入产出表》以及城镇居民用于电力消费的现金流的变化，模拟收入弹性、权重变化、按比例再支出三种情景，结合中国城镇居民电力消费投入产出模型测算了中国城镇居民用电间接回弹效应。我们的测算结果表明，长期内我国城镇居民用电的直接与间接回弹效应约为 93%（长期间接回弹效应为 19.8% ～ 20.3%），短期内我国城镇居民用电的直接与间接回弹效应约为 93%（短期间接回弹效应为 19.8% ～ 20.8%）。这意味着由能源效率改进所节约的电大部分都被直接或间接地消费了，这也意味着把能源节约只寄希望于技术进步或者能源效率的改进，在实际中是无法实现既定目标的，但是若没有能源效率的改进，城镇居民也可能会消费更多的电力。因此，政府有关部门，在提高能源效率的同时，应该采取更多的行动使居民的能源消费转向可持续的消费方式，从某种程度抑制由效率改善导致的能源回弹效应。

值得注意的是，能源效率的改进与居民生活水平的提高及回弹效应的大小高度相关，虽然改进能源效率的一些行政措施已经获得了一些积极的结果，但这一结果与实际预测的差距甚远，这主要是由回弹效应导致的。因此，提高因能源效率改进而下降的能源服务成本是减小能源回弹效应的关键。对于我国的居民用电市场而言，市场化的电力资费改革可能是减少能源回弹效应最有效的方法，这是因为我国居民电价的调整由政府有关部门所决定，居民电价机制的改革应该减少政府的行政干预，缩短居民电价的调整间隔，增加居民用电的成本。这样才能使更多的资本进入能源节约技术开发市场，降低城镇居民用电的回弹效应。只有这样，才能跳出高效率、高能耗的"囚徒困境"，能源回弹效应才能变得更加可控，从而引导人们的生活方式向可持续的方向发展。

最后，为了更好地理解能源回弹效应对能源消费的影响，有必要考虑能源效率政策对经济增长的动态影响。进一步来说，在能源回弹效应的测算时影响社会经济结构质量变化与消费者习惯变化的因素也应该被考虑，且能源回弹效应的测算应该扩展到农村家庭。这些因素在将来的研究中都应该被考虑。

第6章 居民能源回弹效应测算方法与应用研究：以北京市居民生活用电为例

6.1 引　言

提高能源效率是延缓气候变化与节能减排的重要策略，然而能源节约新技术的引进会引起回弹效应，进而间接导致能源消费的增加。回弹效应的大小在很大程度上决定着提高能源效率对降低能源消费的有效程度，能源回弹效应的测算与研究能够为能源政策的合理制定与有效实施提供重要的理论依据和现实指导。本章着力于总结与构建直接与间接回弹效应的相关测算方法；并以北京市居民生活用电为例，通过构建非对称价格下的双对数能源需求模型与误差修正模型，测算长期与短期直接回弹效应；通过整合消费者需求理论与投入产出理论，构建广义环境能源投入产出模型，克服数据不可获得性难题，建立收入弹性、权重变化及按比例再支出三种测算情景，估计间接回弹效应。

节能减排已成为促进经济与环境可持续发展的主要手段之一，尤其是提高能源效率更被认为是减缓气候变化的最重要策略。然而，该策略也常常被怀疑，能源效率改进的一个好处是能够降低能源服务的价格，但是这种改进能在多大程度上减少能源消费和降低能源消费对环境的影响，还是让人很困惑的。在现有的能源经济学文献中，能源节约新技术的引进虽然能够提高能源效率进而节约能源，但能源效率的提高同时也会降低产品的单位生产成本与价格，引起产品需求和消费的增长，从而引发更多的能源消费，最终导致效率提高所节约的能源被额外的能源消费部分抵消，即能效提高会引起回弹效应间接导致能源消费增加，这一观点已经得到普遍认同。回弹效应的大小至关重要，它决定了能效提高政策能否发挥预期作用以及能效提高政策是否能够作为一个环境政策战略而存在。

6.2　计量模型

能源回弹效应是对提高能源效率的一系列行为反应的总称。相对于回弹效应不发生时，这一效应的最终结果通常是会增加能源消费，它使得由提高能源效率所节约的能源往往低于预期。对于居民部门而言，回弹效应通常被分为直接回弹效应与间接回弹效应。直接回弹效应源于能源服务价格降低引起的能源消费的增加，例如日光灯对传统灯泡的替代使得照明服务更加便宜，这使得人们在空闲的房间中会选择更长时间的照明而不是随手把开关合上。间接回弹效应源于其他消费能源的商品和服务的消费。例如，人们可能会利用由使用节能电器所节约的资金做一次海外旅行，这会间接地增加其他能源的消费。

根据卡扎姆的界定，贝尔库特等与宾斯旺格将回弹效应直接用公式表示为：

$$回弹效应 = \frac{回弹消费}{预期节约} = \frac{预期节约 - 实际节约}{预期节约} \qquad (6.1)$$

桑德斯根据回弹效应的大小将回弹效应分为逆反效应、完全回弹效应、部分回弹效应、零回弹效应以及超节约效应五种情形[①]。

6.2.1　直接回弹效应理论与测算方法

由于遵循微观经济学的基本原理，与间接回弹效应相比，直接回弹效应更

---

① a.$RE > 1$ 为逆反效应，这一情形下，实际能源消费量大于初始能源消费量，即能效提高不仅未减少反而增加了能源消费。

b.$RE = 1$ 为完全回弹效应，这一情形下，能效提高政策完全失效，能效提高引起的能源节约量被全部继续消费，实际能源消费量等于初始能源消费量。

c.$0 < RE < 1$ 为部分回弹效应，这是一种常见的情形，这一情形下，实际能源消费量大于预期能源消费量，但小于初始能源消费量，即能效提高引起的能源节约量只是被部分消费了，能效提高政策在实际中仍能够起到积极的节约能源的作用。

d.$RE = 0$ 为零回弹效应，表示预期的节能效果完全实现，这一情形属于理想状态，不存在任何回弹效应，即实际能源消费量与预期能源消费量完全相等，技术进步和能效提高的节能潜力完全被实现。

e.$RE < 0$ 为超节约效应，这一情形属于最完美的状态，不仅不存在任何回弹效应，而且预期的节能效果更有成效，即实际能源消费量比预期能源消费量要更小，是可持续发展所追求的最理想的结果，这一情形的实现依赖技术进步与居民节能意识的提高。

易于被测算。相对其他方法而言，计量经济分析为测算直接回弹效应的一种主流研究方法，在实证测算研究中已经得到了广泛应用。该方法源于卡扎姆对直接回弹效应的原始定义，其将直接回弹效应限定于某一种单一的能源服务，他将逐渐降低的能源服务的价格作为某一种能源服务的函数，即

$$S = S(P_S) = S(P_E / \varepsilon) \qquad (6.2)$$

其中，S 为所获得的能源服务，P_S 为能源服务的价格（所获能源服务的成本），P_E 为所消费能源的价格，ε 为能源的利用效率。

根据能源效率的定义，消费者对该能源的需求为：

$$E = S(P_S) / \varepsilon \qquad (6.3)$$

运用卡扎姆的相关定义，可以得出：

$$\eta_\varepsilon(E) = \frac{\partial E}{\partial \varepsilon} \frac{\varepsilon}{E} = \frac{\partial \ (S/\varepsilon)}{\partial \varepsilon} \frac{\varepsilon}{E} = \left[S \frac{\partial \ (1/\varepsilon)}{\partial \varepsilon} + \frac{1}{\varepsilon} \frac{\partial S}{\partial \varepsilon} \right] \frac{\varepsilon}{E}$$

$$= \left(-S\varepsilon^2 + \frac{1}{\varepsilon} \frac{\partial S}{\partial \varepsilon} \right) \frac{\varepsilon^2}{S} = \frac{\varepsilon}{S} \frac{\partial S}{\partial \varepsilon} - 1 = \eta_\varepsilon(S) - 1 \qquad (6.4)$$

其中，$\eta_\varepsilon(E)$ 为能源需求对能源效率的弹性，$\eta_\varepsilon(S)$ 为某一能源服务对能源效率的弹性。这样根据贝尔库特等的定义，就可得到直接回弹效应的最初始定义：

$$RE_D = \frac{预期节约 - 实际节约}{预期节约} = \frac{\Delta\varepsilon/\varepsilon \cdot E - (E - E')}{\Delta\varepsilon/\varepsilon \cdot E}$$

$$= \frac{\delta E + \Delta E}{\delta E} = 1 + \frac{\Delta E}{\Delta\varepsilon/\varepsilon \cdot E} = 1 + \frac{\Delta E}{\Delta\varepsilon} \frac{\varepsilon}{E}$$

$$= 1 + \eta_\varepsilon(E)$$

$$= \eta_\varepsilon(S) \qquad (6.5)$$

即直接回弹效应为某一能源服务对能源效率的弹性。其中 $\delta = \Delta\varepsilon/\varepsilon$ 代表所改进的能源效率的比率。根据微观经济学中弹性的相关定义，式（6.5）可以转换为：

$$\eta_\varepsilon(S) = \frac{\partial S}{\partial \varepsilon}\frac{\varepsilon}{S} = \frac{\partial \ln S}{\partial \ln \varepsilon} = \frac{\partial \ln S}{\partial \ln P_S}\frac{\partial \ln P_S}{\partial \ln \varepsilon}$$

$$= \eta_{P_S}(S)\frac{\partial \ln\left(P_E\big/\varepsilon\right)}{\partial \ln \varepsilon} = \eta_{P_S}(S)\left(\frac{\partial \ln P_E}{\partial \ln \varepsilon} - \frac{\partial \ln \varepsilon}{\partial \ln \varepsilon}\right)$$

$$= \eta_{P_S}(S)\quad\left(\frac{\partial \ln P_E}{\partial \ln \varepsilon} - 1\right)$$

$$= \eta_{P_S}(S)\left[\eta_\varepsilon(P_E) - 1\right] \tag{6.6}$$

由于实际中，能源价格主要受能源需求的影响，基本不受能源效率的影响，因此可以假设能源价格对能源效率的弹性为 0，即 $\eta_\varepsilon(P_E) = 0$，则由式（6.6）与式（6.5）可得直接回弹效应的另一定义：

$$RE_D = \eta_\varepsilon(S) = -\eta_{P_S}(S) \tag{6.7}$$

即在能源价格不受能源效率影响的情况下（外生性假设），直接能源回弹效应为某一能源服务对该能源服务价格（成本）的弹性。该定义已经被卡扎姆与宾斯旺格等学者运用。同样根据微观经济学的弹性理论，可以得到：

$$\eta_{P_E}(E) = \frac{\partial \ln E}{\partial \ln P_E} = \frac{\partial \ln E}{\partial \ln P_S}\frac{\partial \ln P_S}{\partial \ln P_E} = \frac{\partial \ln\left(S\big/\varepsilon\right)}{\partial \ln P_S}\frac{\partial \ln\left(P_E\big/\varepsilon\right)}{\partial \ln P_E}$$

$$= \left(\frac{\partial \ln S}{\partial \ln P_S} - \frac{\partial \ln \varepsilon}{\partial \ln P_S}\right)\left(\frac{\partial \ln P_E}{\partial \ln P_E} - \frac{\partial \ln \varepsilon}{\partial \ln P_E}\right)$$

$$= \left[\eta_{P_S}(S) - \eta_{P_S}(\varepsilon)\right]\left[1 - \eta_{P_E}(\varepsilon)\right] \tag{6.8}$$

当能源效率为外生，不受能源价格与能源服务价格影响时，即 $\eta_{P_S}(\varepsilon) = 0$ 且 $\eta_{P_E}(\varepsilon) = 0$ 时，直接回弹效应的定义可表示为能源消费对能源价格的弹性：

$$RE_D = \eta_\varepsilon(S) = -\eta_{P_E}(E) \tag{6.9}$$

由于该定义数据的易得性与可操作性，已经得到学者们的广泛运用。直接回弹效应的定义并不仅仅于此，但基本是式（6.5）、式（6.7）与式（6.9）的扩展与延伸。在后文中本书将运用式（6.9）的定义与能源消费对能源价格的弹性来估计北京市居民生活用电的直接回弹效应。

6.2.2　间接回弹效应测算的能源投入产出模型

对于居民部门而言，消费者可能会使用由能源效率提高所节约的成本去购买其他需要消耗能源的商品或服务，而且节能设备本身的制造也需要消耗能源，这些隐含的能源消费也将会部分抵消所取得的节能成果（如节能空调使用所节约的资金可能会促使人们进行一次海外旅行）。

随着居民收入的增加，与直接回弹效应相比，间接回弹效应的测算与影响变得越来越重要。间接回弹效应的大小在很大程度上也同样取决于替代效应和收入效应的综合影响，只不过这种替代效应和收入效应是在某种能源服务与其他多种产品和服务之间发生的。终端消费模式变化引起的间接能源回弹效应可以通过能源投入产出模型来估算，能源投入产出模型将能源供给链与居民消费支出联系起来。能源投入产出模型如下所示：

$$E = VY = F(I - A)^{-1}Y \tag{6.10}$$

其中，V 为完全消耗矩阵，为一组电力消耗系数（代表的是第 i 部门每生产一单位的货币所需消耗的电量），F 为直接消耗系数矩阵，$(I - A)^{-1}$ 为列昂惕夫逆矩阵。Y 为居民消费支出矩阵，且在假设储蓄为 0 时，总支出

$$y = x_S \cdot P_S + \sum_{O=1;O \neq S}^{n} x_O P_O \tag{6.11}$$

根据回弹效应的原始定义可得直接与间接回弹效应为：

$$直接与间接回弹效应(RE_{D+I}) = \frac{回弹消费}{预期节约} = \frac{预期节约 - 实际节约}{预期节约} \tag{6.12}$$

其中，预期节约 $= \delta E = \delta v_s y_s$，而

实际节约 = 直接消费实际节约 + 间接消费实际节约

= （原直接消费 - 现直接消费）+（原间接消费 - 现间接消费）

$$= (v_s y_s - v_s y_s{}') + (\sum_{O=1;O \neq S}^{n} v_o y_o - \sum_{O=1;O \neq S}^{n} v_o y_o{}')$$

$$= [v_s y_s - (1 - \delta + RE_D \delta)\, v_s y_s] + (\sum_{O=1;O \neq S}^{n} v_o y_o - \sum_{O=1;O \neq S}^{n} v_o y_o{}')$$

$$= (\delta - RE_D \delta)\, v_s y_s + (\sum_{O=1;O \neq S}^{n} v_o y_o - \sum_{O=1;O \neq S}^{n} v_o y_o{}') \tag{6.13}$$

由此可得直接与间接回弹效应为：

$$RE_{D+I} = \frac{\delta v_S y_S - [(\delta - RE_D \delta) v_S y_S + (\sum\limits_{O=1; O \neq S}^{n} v_O y_O - \sum\limits_{O=1; O \neq S}^{n} v_O y_O')]}{\delta v_S y_S}$$

$$= \frac{RE_D \delta v_S y_S + (\sum\limits_{O=1; O \neq S}^{n} v_O y_O' - \sum\limits_{O=1; O \neq S}^{n} v_O y_O)}{\delta v_S y_S}$$

$$= RE_D + \frac{(\sum\limits_{O=1; O \neq S}^{n} v_O y_O' - \sum\limits_{O=1; O \neq S}^{n} v_O y_O)}{\delta v_S y_S}$$

$$= RE_D + RE_I \tag{6.14}$$

则间接回弹效应为：

$$RE_I = \frac{(\sum\limits_{O=1; O \neq S}^{n} v_O y_O' - \sum\limits_{O=1; O \neq S}^{n} v_O y_O)}{\delta v_S y_S} \tag{6.15}$$

6.3 北京市居民用电直接回弹效应实证研究

6.3.1 北京市居民用电影响因素分析

居民生活用电受居民生活水平与生活习惯以及不同地理环境的影响，有着不同于全社会用电的特点。它受多种因素的影响，其中包括居民收入水平，生活方式、居住面积、天气变化、各种生活用电设备社会保有量变化以及新型节能技术在各种生活用电设备中的推广应用等。结合居民生活用电的基本特征，可将影响北京市人均居民用电消费的主要因素归结为五大类：①居民收入水平；②居民用电价格；③城镇化；④温度变化；⑤居民人均建筑使用面积。然后可通过构建双对数回归模型来定量分析各类因素对北京市人均居民生活用电的影响。

第一，居民收入水平对居民生活用电的影响。一般而言，居民收入增长是居民能源消费增长的主要原因，消费者收入水平越高，货币支付能力就越强，其对各种商品的需求也就越多，对生活质量的要求也越高。按照恩格尔定律，当居民在满足日常生活需求之后，居民的消费习惯也会随之改变，对生活用电的需求已不再满足于照明及一些日常的家用电器的使用，其用于享受、娱乐性的用电需求比重将增加。此时，居民用电消费带有明显的享受性、发展性，这些都将增加生活用电的消费量。居民收入水平与生活用电消耗量呈正相关，即随着居民可支配收入的提高，家用电器的普及率和使用频率将越高，电力消费随之也越高。

第二，居民用电价格对居民生活用电的影响。根据微观经济学的需求理论，价格是影响商品需求的首要因素，价格通常对消费需求形成反向抑制作用，当电价相对较高时，居民会减少电的使用量，而增加其他能源的使用量。在高收入国家，能源价格对居民能源需求的影响作用较弱，但在发展中国家，能源价格对能源消费需求影响仍然作用较大。另外，在本节中，我们将实际电价的下降等同于能源效率的上升。

第三，城镇化对居民生活用电的影响。城镇化是经济发展的一个主要现象，它会促进居民用电消费。城镇化过程是一个地区的人口向城镇和城市相对集中的过程，也是农村生活方式转化为城镇生活方式的过程。在这一转化过程中，居民能源消费的类型和利用效率都发生了巨大的变化。由农村居民转化来的城镇居民会购买更多的产品和服务，这将会增加居民用电的消费。城镇化水平反映的是城镇居民用电模式与农村居民用电模式的差异性。城镇化的高速发展意味着基础设施完备，居民用电便利，居民生活用电量大幅度提高。另外，城镇化也意味着家庭结构的改变。城镇化的不断推进以及计划生育政策的实施使城镇家庭规模缩小，家庭结构呈现以核心化家庭为主、小家庭式样日益多样化的趋势。这就导致以家庭为单位进行消费的家用电器量随之不断上升，用电量也随之增加。

第四，温度变化对居民生活用电的影响。温度对居民生活用电需求是一个比较敏感的影响因素。改革开放 40 多年来，我国经济快速发展，促进了居民生活水平的提高，同时居民对室内环境的要求也在提高，调节室内环境耗电量的比重也在迅速增加。本节从时间序列角度，定量研究气温对居民生活用电的影响程度，采用国际上常用的度日数法。早在 20 世纪 50 年代初，汤姆（Thom）首次用度日数法探讨了能源消费与温度的关系。所谓某一天的度日数就是指日平均温度与规定的基础温度的实际离差。度日数又分为两种类型，即采暖度日数和降温度日数。年采暖度日数是指一年中日平均温度低于基础温度的累积度数，年降温度日数是指一年中日平均温度高于基础温度的累积度数 [①]。考虑到计算方法所涉及的工作量、所需数据的可获性及每月内温度的波动性，本节采用世界资源学会（WRI）的测算方法来测算北京市的年度日数：

$$\begin{cases} DD_m = \sigma_m (D_m)^{1.5} \left[h/2 + \ln(e^{-ah} + e^{ah})/2a \right] \\ h = (T_{base} - T_a) / \left[\sigma_m (D_m)^{1/2} \right] \\ h = (T_a - T_{base}) / \left[\sigma_m (D_m)^{1/2} \right] \\ a = 1.698(D_m)^{1/2} \\ \sigma_m = 1.45 - 0.29T_a + 0.664\sigma_y \end{cases} \quad (6.16)$$

其中，DD_m 为月度日数，T_a 为月平均温度，T_{base} 为月基准温度（18℃），

m 表示月，σ_y 为一年中月平均温度的标准差，σ_m 为一月中日平均温度的标准差。对于北京市而言，由于冬季采用集体供暖，冬季用于采暖的居民生活用电基本可以忽略不计。气温对居民生活用电的影响具体表现在夏季空调的降温需求，因此本节采用降温度日数来衡量温度变化对居民生活用电的影响。

第五，居民人均建筑使用面积对居民生活用电的影响。随着人口数量的增加，人均居住面积也发生了变动，住宅面积不仅是家庭规模的组成部分，同样也间接影响着居民生活用电消费需求。改革开放以来，我国居民收入水平的提高使得居民住房面积不断扩大，各种高档、高耗能电器的使用也就成为可能。研究发现，北京市人均居住面积与同期生活用电之间呈高度正相关，即人均居住面积的增加对生活用电消费具有促进作用。本节以北京市居民人均建筑使用面积替代人均居住面积来定量分析建筑面积对人均生活用电的影响。

综上所述，我们可以构建如下的北京市居民生活用电需求模型：

$$\ln E_t = \alpha_0 + \alpha_1 \ln I_t + \alpha_2 \ln P_t + \alpha_3 \ln UR_t + \alpha_4 \ln CDD_t + \alpha_5 \ln HUR_t + \varepsilon_t \quad (6.17)$$

[①] $$\begin{cases} HDD = \sum_{i=1}^{n} (1-rd) \; (T_{b1} - T_i) \\ CDD = \sum_{i=1}^{n} rd(T_i - T_{b2}) \end{cases}$$ 式中：HDD 为某一年的采暖度日数；CDD 为某一年的降温度

日数，n 为某一年的天数；T_i 为日平均温度；T_{b1} 为采暖度日数的基础温度；T_{b2} 为降温度日数的基础温度；

rd，如果日平均温度高于基础温度，则为 1，否则为 0。

其中，E_t 为北京市第 t 年的人均居民生活用电量；I_t 为北京市第 t 年的人均居民可支配收入（以 1989 年为不变价格）；P_t 为北京市第 t 年的居民用电平均价格（以 1989 年为不变价格）；UR_t 为北京市第 t 年的城镇化率；CDD_t 为北京市第 t 年的降温度日数；HUR_t 为北京市第 t 年的居民人均居住建筑使用面积；ε_t 为随机误差项。

6.3.2　非对称价格调整与长期回弹效应测算

与回弹效应相关的能源消费是由能源效率的上升导致所消费能源的有效价格上升引起的。第五章关于对中国城镇居民用电直接回弹效应的研究证明能源需求的价格弹性与回弹效应联系是非常紧密的，更确切地说，回弹效应与价格下降时的价格弹性联系是非常紧密的。所以公式（6.17）的测算方法，有一个前提，即价格上升与价格下降时的能源需求价格弹性是相同的，这在实际中是不现实的。主要原因是消费者所需要的不是能源本身而是由消耗能源所提供的服务（如照明与降温服务），而且能源服务又受能源效率的影响。简单来说，如果能源价格上升，消费者会想方设法提高能源效率，以此节约用能成本。但是，若能源价格下降，消费者并不会去除能源效率改进带来的成本节约。因此，价格下降时的能源需求价格弹性更适合用来测算回弹效应。但实际中能源价格经常是波动的，有涨有跌。为了解决这一问题，很多学者采用价格分解的方法，将价格的变化波动分解为三个部分，即

$$\ln P_t = \max(\ln P_t) + \mathrm{cut}(\ln P_t) + \mathrm{rec}(\ln P_t) \qquad (6.18)$$

其中：$\max(\ln P_t) = \max(\ln P_1, \ln P_2, \cdots, \ln P_t)$ 为实际价格对数历史最大值，该序列为非递减时间序列；

$\mathrm{rec}(\ln P_t) = \sum_{m=1}^{t} \max\{0, [\max(\ln P_{m-1}) - \ln P_{m-1}] - [\max(\ln P_m) - \ln P_m]\}$ 为实际价格对数累积下降值，该序列为非递增非正时间序列；$\mathrm{cut}[\ln(P_t)] = \sum_{m=1}^{t} \min\{0, [\max(\ln P_{m-1}) - \ln P_{m-1}] - [\max(\ln P_m) - \ln P_m]\}$ 为实际价格对数累积增长值，该序列为非递减非负时间序列。由于分解后的实际价格对数历史最大值为常量，因此，根据非对称价格分解法可把式（6.17）转化为：

$$\ln E_t = \beta_0 + \beta_1 \ln I_t + \beta_2 \text{rec}\left(\ln P_t\right) + \beta_3 \text{cut}\left(\ln P_t\right) + \beta_4 \ln UR_t$$
$$+ \beta_5 \ln CDD_t + \beta_6 \ln HUR_t + \varepsilon_t \tag{6.19}$$

其中：E_t 为人均居民用电量，I_t 为实际居民可支配收入（以 1989 年为不变价格），P_t 为居民用电实际价格（以 1989 年为不变价格），UR_t 为城市化率，CDD_t 为降温度日，HUR_t 为人均住宅使用面积。

cut（$\ln P_t$）的估计参数系数 β_3 的负数即式（6.7）所表示的直接回弹效应值。为了避免所做变量回归为伪回归，本节选择 Eviews 8.0 软件的 ADF 检验，来检验变量的平稳性，通过 ADF 检验发现式（6.16）的所有变量均为一阶单整时间序列。之后运用 E-G 两步法对方程式（6.16）进行变量间的协整检验。运用普通最小二乘法进行双对数回归分析的拟合结果如表 6.1 所示。

表 6.1　长期协整方程回归结果

变量	系数	标准误差	t 统计量
常量 C	-2.814242^*	1.431946	-1.965327
$\ln I_t$	-0.25096^*	0.120413	-2.081144
rec（$\ln P_t$）	0.890632^*	0.448376	1.986348
cut（$\ln P_t$）	-0.401884^{**}	0.190122	-2.113824
$\ln UR_t$	0.278819^*	0.161668	1.724640
$\ln CDD_t$	0.946890^{**}	0.420396	2.252375
$\ln HUR_t$	2.876516^{***}	0.589790	4.877187
$R^2 =0.995913$	$F=690.4001$	\multicolumn{2}{c}{$DW=1.305758$}	
调整的 $R^2 =0.994470$	$Prob.=0.000000$		

注：* 表示显著水平 <10%，** 表示显著水平 <5%，*** 表示显著水平 <1%

从表 6.1 可以看出 R^2 与调整的 R^2 都非常好，且回归模型中大多数变量的回归系数均在 1% ～ 10% 的显著水平下通过 T 检验，从 DW 值看，也不存在自相关与异方差的问题。因此，从回归的结果来看，变量之间存在一阶单整关系。回归方程

$$\ln E_t = -2.81 - 0.25 \ln I_t + 0.89 \text{rec}\left(\ln P_t\right) - 0.40 \text{cut}\left(\ln P_t\right) + 0.95 \ln UR_t +$$
$$0.28 \ln CDD_t + 2.88 \ln HUR_t + \varepsilon_t \tag{6.20}$$

说明了变量间的长期均衡关系。式（6.20）中 β_3 的估计系数为 -0.40，即北京市居民生活用电长期直接回弹效应为 0.40。

6.3.3 北京市居民生活用电短期误差修正模型

研究居民生活用电需求，必须区分需求的短期和长期弹性。一般而言，短期内（一般为 1 年以内）居民用电设备的可调整度较低，电能可替代程度有限，价格缺乏弹性。长期内（一般为 1 年以上）居民通过改变用电习惯、购买效率更高的用电设备来调整用电量，价格趋向于富有弹性。为了区别居民生活用电的长期与短期的需求弹性的变化，本节引入误差修正模型（ECM）来估计短期直接回弹效应。方程（6.20）反映了影响居民生活用电各变量间的一种长期均衡关系与趋势。在表 6.1 的基础上，基于式（6.20）可以得到残差序列：

$$\varepsilon_t = \ln E_t - \beta_0 - \beta_1 \ln I_t - \beta_2 \text{rec}（\ln P_t） - \beta_3 \text{cut}（\ln P_t） - \beta_4 \ln UR_t -$$
$$\beta_5 \ln CDD_t - \beta_6 \ln HUR_t \tag{6.21}$$

令残差项 $\varepsilon_t = ecm_t$，若将其作为误差修正项，则可建立如下误差修正模型：

$$D(\ln E_t) = \gamma_1 D(\ln I_t) + \gamma_2 D(\text{rec}（\ln P_t）) + \gamma_3 D(\text{cut}（\ln P_t）) + \gamma_4 D(\ln UR_t) +$$
$$\gamma_5 D(\ln CDD_t) + \gamma_6 D(\ln HUR_t) + \gamma_7 ecm_{t-1} + \mu_t \tag{6.22}$$

其中，D 表示一阶差分，μ_t 为随机误差项。如果输入解释变量未来的预期值，就可以求得被解释变量的预测值。式（6.22）表明北京市居民短期生活用电需求不仅受上文的五种因素影响，还取决于居民生活用电需求偏离均衡趋势的程度（ecm_{t-1}）。误差修正模型的回归结果如表 6.2 所示。

表 6.2 短期误差修正模型回归结果

变量	系数	标准误差	t 统计量
$D(\ln I_t)$	0.185219	0.199555	0.928160
$D(\text{rec}（\ln P_t）)$	0.546858	0.362497	1.508585
$D(\text{cut}（\ln P_t）)$	−0.157298	0.298930	−0.526203
$D(\ln UR_t)$	0.240040	0.104121	2.305405
$D(\ln CDD_t)$	0.898963**	0.348182	2.581879

变量	系数	标准误差	t 统计量
$D(\ln HUR_t)$	2.104976***	0.654509	3.216116
ECM_{t-1}	−0.598608**	0.224864	−2.662085
R^2 =0.595427 调整的 R^2 =0.443712	Prob.=0.000000	DW=1.337128	

注：★表示显著水平 <10%，★★表示显著水平 <5%，★★★表示显著水平 <1%

从误差修正模型估计结果来看，γ_3 的估计系数为 0.16，表明北京市居民生活用电短期回弹效应比长期回弹效应要小。这一结果也表明由于受某些因素，如经济形势、政策变化、突发事件等的影响，令收入、价格等的变化趋势发生改变，从而引起生活用电量的变化背离其长期趋势，表现为一定程度的短期波动。

6.4 北京市居民生活用电间接回弹效应实证研究

6.4.1 北京市能源投入产出表构建

传统的投入产出核算理论是建立在纯经济系统分析基础之上的，没有考虑与经济活动密切联系的能源消耗因素，而能源投入产出模型的功能则主要是在对经济——能源关系进行描述的基础上研究经济活动与能源利用之间的相互影响关系。为了构建北京市能源投入产出模型，根据分析的需要和能源数据条件，本节将 1990—2013 年的中国能源统计年鉴中北京市能源平衡表中对电的终端消费与 2002 年的北京市 130 个部门的投入产出表联系起来，我们将该投入产出表中的 130 个部门合并为与能源平衡表一致的 7 大部门，具体为：

①农、林、牧、渔、水利业（包括农林牧渔业与木材及竹材采运业 6 个部门）；
②工业（包括采掘业、制造业、公用事业生产与供应的 82 个部门）；
③建筑业；
④交通运输、仓储和邮政业（包括交通运输及仓储业、邮电业和信息传输、

计算机服务和软件业等 12 个部门）；

⑤批发、零售业和住宿、餐饮业（包括批发和零售贸易业、住宿和餐饮 3 个部门）；

⑥生活消费；

⑦其他非物质生产部门（包括金融保险业、房地产、租赁业和商务服务业、旅游业、科教文卫、行政机关等 25 个部门）。

合并后的 2002 年北京市投入产出表如表 6.3 所示。

表 6.3　北京市 2002 年 7 部门投入产出表

（单位：千元）

一	①	②	③	④	⑤	⑥	⑦
①	7404349.30	5031442.83	124917.86	52101.90	1026507.04	1400.29	147036.57
②	5016250.62	226725050.78	59537671.41	29827079.72	45234347.12	561355.65	19620588.92
③	6539.27	302297.47	0.00	464701.80	4914934.80	4369.49	667367.77
④	611940.65	13819496.74	4456594.95	10121549.52	17613363.92	80439.59	12240606.53
⑤	1455289.55	48421435.35	13133247.61	18707775.47	95786213.31	198617.80	8902353.57
⑥	992.18	39253.82	19675.26	28771.16	487084.71	3206.76	59367.96
⑦	74867.81	2361445.33	458462.86	1304911.40	16000262.96	68963.08	3563369.56

6.4.2　间接回弹效应测算的三种情景

本小节将设置三种测算情景来估计北京市居民生活用电间接回弹效应。第一种情景利用居民各部门支出的收入弹性来估算能源效率改进后各部门消费支出的变化；第二种情景根据能源效率改进前后的各部门支出的权重变化来估算各部门支出的变化，以此来测算能源效率改进之后各部门用电消费的变化，进而测算出间接回弹效应；第三种情景则是将能源效率改进后所获得的资金节约按比例平均分配到各部门，以此测算效率改进后各部门用电的变化量，进而计算间接回弹效应。

6.4.2.1　*收入弹性情景*

这种情景通过把由能源效率提高所产生的货币节约的重新分配作为各部门需求对收入的弹性伪函数来估算居民部门能源消费的变化。这种情景方法已经有相关学者冈萨雷斯和杜克曼进行过实证研究。

能源效率提高后的第 i 部门预算支出为 $x'_i P_i = (1 + \frac{\Delta x_i}{x_i}) x_i P_i$，由于

$\eta_y(x_i) = \dfrac{\dfrac{\Delta x_i}{x_i}}{\dfrac{\Delta y}{y}}$，则把第 i 种商品需求对收入的弹性代入，则上式可表示为：

$$x'_i P_i = [1 + \eta_y(x_i) \cdot \frac{\Delta y}{y}] x_i P_i \qquad (6.23)$$

根据直接回弹效应的相关测算，能源效率提高引致的支出变化可以表示为：

$$\Delta y = E \cdot P_E - E' \cdot P_E = [1 + \eta_{P_E}(E)] \cdot \delta E \cdot P_E \qquad (6.24)$$

则消费支出的变化比率为：

$$\frac{\Delta y}{y} = \frac{E \cdot P_E - E' \cdot P_E}{y} = \frac{[1 + \eta_{P_E}(E)] \cdot \delta E \cdot P_E}{y} \qquad (6.25)$$

将式（6.25）代入式（6.24），那么第 i 部门能源效率提高后的预算支出可以表示为：

$$x'_i P_i = [1 + \eta_y(x_i) \frac{[1 + \eta_{P_E}(E)] \cdot \delta E \cdot P_E}{y}] x_i P_i \qquad (6.26)$$

根据间接回弹效应的定义及以上分析，则由收入弹性估计的间接回弹效应为：

$$
\begin{aligned}
RE_{I_{IE}} &= \frac{\sum_{i=1; i \neq S}^{n} v_i \Delta x_i P_i}{\delta E} = \frac{\sum_{i=1; i \neq S}^{n} F(I-A)^{-1} \cdot \eta_y(x_i) \cdot x_i P_i \cdot \dfrac{[1 + \eta_{P_E}(E)] \cdot \delta E \cdot P_E}{y}}{\delta E} \\
&= \sum_{i=1; i \neq S}^{n} F(I-A)^{-1} \cdot \eta_y(x_i) \cdot x_i P_i \cdot \frac{[1 + \eta_{P_E}(E)] \cdot P_E}{y} \qquad (6.27)
\end{aligned}
$$

6.4.2.2 权重变化情景

这种情景根据各部门支出占总支出变化的比率来估算各部门相关能源消费的变化。第 i 部门在能效提高后的支出可以表示为原支出加变化的支出，即

$$x'_i P_i = x_i P_i + \Delta x_i P_i \qquad (6.28)$$

根据微观经济学相关定义，变化的支出可以表示为：

$$\Delta x_i P_i = \omega_i \cdot \eta_y(x_i P_i) \cdot \Delta y \qquad (6.29)$$

其中根据恩格尔聚合性质有：

$$\sum_{i=1; i\neq S}^{n} \omega_i \cdot \eta_y(x_i P_i) + \omega_{E'} = 1 \qquad (6.30)$$

根据式（6.28）、（6.29）及变化的支出 Δy，我们可以把能源效率改进后的第 i 部门支出表示为：

$$x'_i P_i = x_i P_i + \omega_i \cdot \eta_y(x_i P_i) \cdot \left\{ [1 + \eta_{P_E}(E)] \cdot \delta E \cdot P_E \right\} \qquad (6.31)$$

根据以上分析及间接回弹效应的定义式（6.15），按支出份额变化重新分配资金节约量，产生的间接回弹效应为：

$$RE_{I_{WC}} = \frac{\sum_{i=1; i\neq S}^{n} \nu_i \Delta x_i P_i}{\delta E} = \frac{\sum_{i=1; i\neq S}^{n} F(I-A)^{-1} \cdot \omega_i \cdot \eta_y(x_i P_i) \cdot \left\{ [1 + \eta_{P_E}(E)] \cdot \delta E \cdot P_E \right\}}{\delta E}$$

$$= \sum_{i=1; i\neq S}^{n} F(I-A)^{-1} \cdot \omega_i \cdot \eta_y(x_i P_i) \cdot [1 + \eta_{P_E}(E)] \cdot P_E \qquad (6.32)$$

6.4.2.3 *按比例再支出情景*

本情景按照能源效率提高后，居民各部门支出所占总支出的比例重新分配由能源效率提高后导致的货币节约量。按比例重新分配后的各部门支出可表示为：

$$x'_i P_i = x_i P_i + \frac{x'_i P_i}{y - \Delta y} \cdot \Delta y \qquad (6.33)$$

则

$$x'_i P_i = x_i P_i \cdot \frac{y - \Delta y}{y - 2\Delta y} \qquad (6.34)$$

那么按比例重新分配节约资金后的居民各部门支出增加量为：

$$\Delta x_i P_i = x'_i P_i - x_i P_i = x_i P_i \cdot \frac{[1+\eta_{P_E}(E)]\cdot \delta E \cdot P_E}{y-2[1+\eta_{P_E}(E)]\cdot \delta E \cdot P_E} = x_i P_i \cdot \frac{[1+\eta_{P_E}(E)]\cdot \delta E \cdot P_E}{y-2[1+\eta_{P_E}(E)]\cdot \delta E \cdot P_E}$$

（6.35）

根据以上分析及间接回弹效应的定义式（6.15），按比例重新分配资金节约量，产生的间接回弹效应为：

$$RE_{I_{PS}} = \frac{\sum_{i=1;i\neq S}^{n} v_i \Delta x_i P_i}{\delta E} = \frac{\sum_{i=1;i\neq S}^{n} F(I-A)^{-1}\cdot x_i P_i \cdot \frac{[1+\eta_{P_E}(E)]\cdot \delta E \cdot P_E}{y-2[1+\eta_{P_E}(E)]\cdot \delta E \cdot P_E}}{\delta E}$$

（6.36）

6.4.3 间接回弹效应测算结果

通过以上按收入弹性、权重变化及按比例再支出三种测算情景模拟，考虑将由居民生活用电效率改进所节约的收入全部再次用于电力服务及其他商品的消费，本节得出北京市居民生活用电间接回弹效应如表 6.4 所示。

表 6.4　按不同情景估计的北京市居民生活用电间接回弹效应

情景	短期间接回弹效应 （直接效应：16%）	长期间接回弹效应 （直接效应：40%）
收入弹性	0.0794	0.0574
权重变化	0.2135	0.1543
按比例再支出	0.0865	0.0625

由表 6.4 的结果可知，根据按收入弹性、权重变化及按比例再支出三种测算情景估计的北京市居民生活用电间接回弹效应在短期内最有可能处于 8% ～ 21%，而长期间接回弹效应最可能处于 6% ～ 15%。这意味着提高能源效率对于北京市大部分商品与服务消费所产生的隐含电力消耗影响不大，间接回弹效应也相应较小。

6.5　本章小结

6.5.1　结论与启示

本章介绍了测算直接与间接回弹效应的几种方法，并基于中国的基本情况，分析了中国居民生活用电的影响因素，引入度日数法与非对称价格分解法，以北京市居民生活用电为例对回弹效应进行了实证测算与分析，发现北京市居民生活用电直接回弹效应短期内为 0.16，长期内为 0.4。很明显，直接回弹效应小于 1，北京市居民生活用电不存在逆反效应。而对于间接回弹效应的测算则运用能源投入产出法与居民消费再支出模型，结合直接回弹效应的测算结果，构建收入弹性、权重变化及按比例再支出三种测算情景，由于数据不可得性，三种情景均简化了间接回弹效应的测算。据此估计得出的北京市居民生活用电间接回弹效应短期为 8% ~ 21%，长期为 6% ~ 15%。综合本章的测算结果，我们发现北京市居民生活用电回弹效应（直接与间接回弹效应）短期为24% ~ 37%，长期为 46% ~ 56%。回弹效应作为检验能源效率提高政策对节能减排影响的另一标准，与全国相比，北京市居民生活用电的回弹效应并不算太大，这主要归功于这些年来北京市调整产业结构与能源结构的努力，另一个原因就是北京市的城镇化程度很高，所以回弹效应受城镇化影响要弱于全国平均水平 [①]。

本章的研究结果表明，通过提高能源效率来降低北京市居民的初始用电消费，仍然不失为一个正确的政策选择。因为北京市居民生活用电只是存在部分回弹效应，不存在逆反效应。但是从能源节约的角度出发，单纯地提高能源效率的技术和政策并不像理论上预期的那么有效。本章的研究结果也表明直接与间接回弹效应的影响呈弱反比关系，即直接回弹效应越大则相对应的间接回弹效应就越小。出现这一结论主要是因为，本章对间接回弹效应的研究是基于直接回弹效应的测算结果与消费再支出模型的，我们假设居民将由能效提高所节约的资金全部再次用于消费，这与事实可能有所不符。另外本章将不同收入群体的消费支出做了平均化处理，而用电需求尤其是相关高频用电产品的用电需求对于高收入群体已经接近饱和，因此，对于不同收入群体的生活用电回弹效应仍需做进一步的研究。

---

① 第 4 章基于我国城镇居民生活用电的研究，短期直接回弹效应为 47%，长期直接回弹效应为71%。

6.5.2 政策建议

能源回弹效应的研究为检验能源政策的实施效果提供了一个新的视角。尽管能源效率的改进在大多数情况下可能会引发一定程度的回弹效应，但其大小极少达到逆反效应的程度，因此我们不能通过简单的减缓能源效率的方式来对其加以限制，而应该从居民的消费观念与经济增长的发展方式入手，制定相关可操作性较强的政策措施。在考虑众多复杂因素的条件下，本节提出几条可操作性的抑制回弹效应的政策措施及应对策略。

①在相对价格保持不变的情况下，能源效率改进所引起的能源服务真实价格的改变，是引起回弹效应的主要原因，我们可以通过征收环境税、能源税、碳税等生态税，不断地提高能源服务价格（能源使用成本），使消费者逐渐意识到节约能源的真正含义，并且将新增加的税收收入继续用于碳减排，这样才可能从根本上使回弹效应得到抑制。

②通过对居民各项终端能源消费电器使用方面的行为反应的专题跟踪调查研究，充分揭示消费者终端能源消费习惯。并据此制定相关的消费建议与细则，以改变居民的能源消费行为，引导居民生活、消费朝可持续发展方式转变。

③促进能源市场化，让能源价格充分反映其各种成本及稀缺性。研究表明，若能源定价过低，消费者则可以从能源效率改进中轻易获得实惠，从而使回弹效应增强。而能源价格的高度市场化能够有效调节能源与其他要素的替代，并能够高度反映能源生产与使用的各种成本，促使消费者更多地选择其他要素而非能源，只有这样才能真正达到节能的目的。当然，在能源价格提升的力度和时机的选择上要充分研究能源价格政策对收入分配的影响，防止因能源价格提升而加重低收入家庭的负担。

④加快能源消费结构的调整，通过太阳能、核能等可再生能源对化石能源的部分替代甚至完全替代，实现能源资源的高效优化配置。

当然，在目前的情况下，采用单一的措施对回弹效应进行抑制可能会失效，我们可以考虑多种措施相互搭配的政策组合来实现对回弹效应的抑制。也许只有这样，才能在我国目前能源价格较低、能源使用效率较低的情况下，跳出"囚徒困境"，实现能源资源配置的最优化，引导居民的生活方式向可持续的方向发展。

第7章 我国宏观经济层面能源回弹效应的测算

7.1 宏观经济层面能源回弹效应作用机制与测算方法

7.1.1 宏观经济层面能源回弹效应作用机制

从宏观经济层面上看，某一领域内能源效率的改进会引起所对应的能源服务价格的降低，从而带动不同领域与该能源相关中间产品和最终产品或服务的价格和产出随之调整，由此引致不同市场乃至整体经济层面系统整体发生相应变化，包括产品和服务价格降低、需求增加、整体经济层面生产效率提高、经济增长加速，从而导致整个经济系统层面能源需求与消费的增加，进而引起宏观经济层面的能源回弹效应。

自布鲁克斯首先对宏观经济层面能源回弹效应现象予以关注以来，学界就从未停止过对其发生机制与作用机理的理论探索。与直接和间接回弹效应被赋予清晰的作用机制相比，现有研究对整体经济回弹效应的理论探讨还显得不够透彻，这与整体经济回弹效应本身的复杂性和不确定性有很大关系。但与对回弹效应的界定研究方面存在明显的分歧相比，学者们对其进行理论阐释的思路较为统一。格瑞宁等注意到在他们之前大部分对回弹效应的理论探讨是在静态框架下开展的，但是布鲁克斯和格拉布之间的争论已经注意到技术进步引起的单位能源有效价格变化，可能通过直接和间接回弹效应对产品价格和供给产生再调整效应或整体经济效应。尽管在静态分析条件下微观经济层面的回弹效应可能并不显著，但是一旦这些微观行为从整体上对消费者和政府的消费和投资行为构成累积性效应的话，那么这些效应对能源市场上能源服务总体价格的调整将产生显著的影响。而这种影响所产生的回弹效应的规模将是高度不确定的，尤其是在技术进步的演化路径表现为随机形式的条件下，其不确定性更高。因此，整体经济回弹效应可被视为不同市场间的能源与其他商品的价格与产出之间的相互关联效应。格瑞宁等认为只要能源供给数量给定，那么消费者偏好和生产函数也会随之确定，能源和其他商品的价格也将会调整到互相适应的水平。因此，一旦这些基本经济变量给定，那就意味着经济系统作为一个整体具有唯一的均衡稳定状态，而只要其中任何一个商品的相关因素发生变化，均可能会引起其他商品之间的替代，其产出水平与均衡价格也会受到一定的影响。这就是整体经济层面回弹效应的作用机理。

加万卡和耶尔对整体经济回弹效应进行了补充性阐述，他们将因能源效率改进所带来的技术创新、生产率增长以及经济增长引起的整体经济层面的能源消费增加定义为整体经济回弹效应，也就是说整体经济回弹效应是能源效率改进引起的不同经济部门的价格、产品与资源之间所产生的一系列显著的相互作用关系的结果。他们指出效率的改进具有巨大的影响力，它可以推动技术创新、经济增长以及新市场的开发，并在长期范围内引起消费方式和社会制度的转变。

7.1.2 基于新古典增长理论的整体经济层面回弹效应测算

能源效率的改进，可被视作一种提高生产率的技术进步方式，它会带动不同市场间相关中间产品和最终产品或服务的价格和产出随之调整。由于能源服务的需求取决于消费者的收入水平以及其作为生产要素投入的需求程度，所以经济增长就会带动更多的能源需求。如果经济增长所产生的影响足够大，那么能源强度提高的直接效果就是能源效率的改进将引起整体经济系统对能源的需求与消费增加。

表 7.1 对在新古典增长理论框架下开展的回弹效应研究进展情况进行了总结。总体来看，新古典增长理论框架下的相关研究已经证明了回弹效应，尤其是逆反效应的理论存在性，也对回弹效应的作用机制提供了一定的解析。但是这些研究均基于一些严格的假设条件，如免费获得的外生技术、规模报酬不变的生产函数、完全竞争的市场、充分的就业、忽略资本与能源的品质差异、忽略其他生产要素的效率改进等。上述严格的假设明显降低了这些新古典理论模型对很多政策性问题的解释力。其中，技术进步为外生且免费获得这一假设，存在着无法清晰反映技术进步实际增长速度和演化过程的明显缺陷。而兴起于 20 世纪 90 年代的内生增长理论已经实现了技术进步的内生化，从而对经济增长的内在机制具有了更加深刻的解释力，因此将其应用于回弹效应研究，显然可以很好地克服上述不足。但目前还鲜见有学者在这一理论框架下对回弹效应进行探讨。

表 7.1　新古典增长框架下经济层面能源回弹效应测算方法总结

文献作者	函数形式	基本假设					主要结论
		能源价格是否内生	是否区分能源和能源服务	均衡类型	生产部门设定	其他假设	
桑德斯	$Y = v_N F(v_K K, v_L L, v_E E)$	否	否	局部	单部门	纯能源效率改进	KB 假说成立
豪沃思	$Y = aK^\alpha S^\beta L^{1-\alpha-\beta}$ $c = c_0 + c_e \varepsilon$	否	是	局部	单部门	同桑德斯	KB 假说仅在能源成本在总成本中达到很大比重、同时能源服务支出在经济产出中达到很大比重时成立
桑德斯	$Y = aK^\beta L^\gamma S^{1-\alpha-\beta}$ $S = \tau \hat{K}^\gamma \hat{L}^\delta E^{1-\gamma-\delta}$ $c = (c_e \varepsilon)^\alpha c_0^{1-\alpha}$	否	是	准两部门	局部	同桑德斯	KB 假说成立
威斯特、海默、斯范·丹德	$Y = aK^\alpha L^\beta (\tau E)^{1-\alpha-\beta}$	否	是	局部	单部门	同桑德斯	KB 假说成立

续表

文献作者	函数形式	基本假设				主要结论
		能源价格是否内生	是否区分能源和能源服务	均衡类型	生产部门设定	其他假设	
	$Y = aK^{\alpha}L^{\beta}(\tau E)^{1-\alpha-\beta}$	否	是	局部	单部门	最终产品价格外生、长期储蓄率不变	能源利用效率提高使产出和能源消费增加
格林尼	$Y = aK_Y^{\alpha}L_Y^{\beta}(\tau E_Y)^{1-\alpha-\beta}$ $E = bK_E^{\gamma}L_E^{1-\gamma}$	是	是	总体	两部门	最终产品价格内生、利用线性支出系统(LES)需求函数反映家庭消费	短期内,能源生产效率提高使产出和能源消费增加,能源仅提高对能源消费无影响;长期内,能源生产效率和利用效率对产出和能源消费率的影响大于短期影响,利用效率的影响远小于生产效率的影响

续表

文献作者	函数形式	基本假设					主要结论
		能源价格是否内生	是否区分能源和能源服务	均衡类型	生产部门设定	其他假设	
桑德斯	列昂惕夫生产函数	否	是	局部	单部门	最终产品价格内生、规模报酬不变	尽管缺乏足够的灵活性，但可以在分析中替代弹性对回弹效应的影响方面提供一些简单易懂的解释
	CD 生产函数						不适用于严谨性分析
	CES 生产函数						可选形式，能够描述除超级节能外的各种可能情形
	广义列昂惕夫生产函数						非理想形式，缺乏足够的灵活性
	广义列昂惕夫成本函数						可选形式，能够描述除超级节能外的各种可能情形
	超越对数成本函数						非理想形式，仅能描述逆速反效应
	对称的广义麦克法登成本函数						非理想形式，缺乏足够的灵活性
	傅里叶成本函数						理想形式，能够描述各种可能情形

文献作者	函数形式式	基本假设					主要结论
		能源价格是否内生	是否区分能源和能源服务	均衡类型	生产部门设定	其他假设	
魏楚元	$Y = f(K, \tau E)$	是	是	总体	单部门	劳动投入恒定、福利与产出相等、经济效率是向更有效率的方向演化，资本市场和能源市场完全竞争	能源供给是决定回弹效应大小的重要因素；能源与其他生产要素之间的替代的限制作用；超级节能情形在短期和长期内均可能发生，长期回弹效应可能小于短期回弹效应

注: Y、K、L 和 E 分别表示产出、资本、劳动和能源，ν 为生产率参数，c、c_0、c_e、τ 和 b 分别为能源服务单位成本、能源单位成本、能源使用设备单位成本、能源单位成本（价格）、能源强度（能源效率的倒数）、能源效率和能源生产率

7.2 宏观经济层面能源回弹效应的"内生化"理论模型

国内外针对整体经济层面的能源回弹效应研究非常多，但大多数研究仍然基于比较严格的假设，例如，新技术的成本是免费的，生产函数均为规模报酬不变、市场完全竞争、技术进步（能源效率）外生等。严格的假设存在无法明晰技术进步的增长速度，往往会降低新古典模型对相关问题的解释力度，本节基于内生增长理论，在能源效率内生化的条件下，将对我国整体经济层面的回弹效应测算进行理论探索。

7.2.1 模型假设与构建

最理想的测算能源回弹效应的模型应该包括能源消费部门、能源生产部门以及其他产品生产部门，模型中的生产者与消费者均对资源进行最优化配置。模型中的技术变量一般假设为内生，能源价格及其他商品价格均为模型均衡时的价格，但为了保证测算方法的有效性，本节参考桑德斯的特定假设，基于能源效率内生化改进的需要，提出了 6 点模型基本假设。①假定总量生产函数的经济产出依赖于资本（K）、劳动（L）与有效的能源（S）三种要素投入，即 $Y = f(K, L, S)$。其中，$S = \varepsilon E$，ε 为能源利用效率，E 为能源投入量，则经济总产出转化为 $Y = f(K, L, \varepsilon E)$。②技术进步主要体现为能源增长型技术进步，能源效率 ε 的改进体现了能源利用技术水平的提升。③资本供给在短期内固定不变，在长期内可自由变动且其均衡价格恒定。④资本、劳动与能源三种投入要素之间能够相互替代。⑤能源效率内生，取决于能源消费量，即 $\varepsilon = BE^{\gamma}$。⑥劳动供给内生且其均衡价格恒定。其中前四点假设沿袭了桑德斯的设定，后两点假设则是针对现有研究中能源效率与劳动力供给外生的局限而提出的。其中第五点假设从根本上突破了现有的新古典增长理论框架下相关研究基于能源效率外生的假设；第六点假设则从更一般化的新古典均衡理论框架下分析探讨了整体经济层面的能源回弹效应。

7.2.2 能源回弹效应测算函数模型的选择

桑德斯的研究表明，整体经济层面能源回弹效应的测算主要受所选取的经济生产函数的影响，且预先所选取的生产函数要素替代弹性参数将直接决定回弹效应的大小。根据现有的对各种生产函数的计算结果，CES 生产函数被证明可以较好地反映回弹效应的各种情形（超级节约效应的情形除外），但是根据近几年的研究结果，我国还远未达到超级节约效应。而且从函数本身来看，CD 生产函数要素替代弹性恒定，而 CES 生产函数要素替代弹性可变，并且其替代弹性与技术系数（K/L）高度相关。CD 生产函数隐含了要素替代弹性不变且为 1 的假定，虽然 CES 生产函数要素替代弹性也不变，但并不一定为 1。且从某种意义而言，CD 生产函数是 CES 生产函数的一种特殊情形，因此采用用 CES 生产函数作为测算回弹效应的函数形式比 CD 生产函数更为合理，更为全面，更符合实际。

为构建能源回弹效应的测算模型，本节尝试将能源效率内生化，但仍然采用桑德斯所设定的基于 CD 生产函数嵌套的 CES 生产函数形式来对中国整体经济层面的能源回弹效应进行测算：

$$Y = f(K,\ L,\ \varepsilon E) = [a(K^{\alpha}L^{1-\alpha})^{\rho} + b(\varepsilon E)^{\rho}]^{\frac{1}{\rho}} \qquad (7.1)$$

其中：Y 表示经济总产出；K 表示资本投入；L 表示劳动力投入；E 表示能源投入；ε 表示能源的使用效率；a 和 b 分别表示要素份额参数，其中，$0<a$，$b<1$，且满足 $a+b=1$，α 为资本－劳动的要素替代参数；ρ 则是替代参数，$\rho = \dfrac{\sigma - 1}{\sigma}$，$\sigma$ 表示能源消费量与（资本－劳动）的联合替代弹性。

现有研究均将能源效率 ε 视为外生变量，但是在现实经济中，能源效率的提升虽然受到政府相关政策的影响，但其更多的还是依靠能源价格的自身市场调节、能源技术的自主研发、能源消费、管理绩效的提升等内生性的途径获得，因此在研究能源回弹效应时很有必要对能源效率进行更符合现实情况的假定，即必须进行能源技术进步（能源效率改进）的内生化处理。出于合理性、可行性与有效性的考虑，本节将采用阿罗（Arrow）的干中学思想，使新古典增长理论框架下的内生增长理论能在整体经济层面能源回弹效应的测算中予以实现。

阿罗提出的"干中学"思想认为，投资和生产过程本身会产生经验积累，改进生产技术，加上知识的溢出效应就更能够起到提高资本效率的作用，这种资本效率的提高就可以抵消通常的资本报酬递减。罗默（Romer）借助阿罗的思想构建了一个内生增长模型，将知识创新假定成投资的副产品，从而消除了规模报酬递减的倾向。其模型假定，在物质资本增加的同时，由于经验的积累，厂商学会了如何更加有效地进行生产，阿罗将这种经验积累对生产效率产生积极影响的过程称为"干中学"。"干中学"效应的存在，使得技术知识的增量（存量）成为资本增量（存量）的增函数。

类似于上述以资本为知识积累载体的"干中学"思想，同样可以认为节能技术和经验的获得来源于生产中的能源使用过程。企业与居民在使用能源的过程中，可以逐渐从中获得一些提高能源利用效率的经验，从经验中获得改进能效的知识，推动能源管理与生产方式的优化。而提高能效的经验和知识的不断积累，又可以通过知识的溢出效应使更多的企业和居民获得这些技术知识，从而实现能源效率在全社会范围内的提升。这就是我们提出上述第五点假设的主要依据。因此，类似于"干中学"模型中技术与资本关系的通常设定形式，假定能源效率与能源消费量存在以下关系：

$$\varepsilon = BE^{\gamma} \qquad (7.2)$$

其中：γ 为能源效率对能源消费需求的弹性，反映了能源消费对能源效率改进的有效程度；B 为"干中学"过程提高能效的效率参数。

7.2.3　能源节约条件

在能源供给（E）不变的情形下，能源利用效率的改进会带来能源边际生产率的下降；假如能源供给发生变动，那么能源利用效率的提高又会带来能源消费量的下降。假定短期内，资本（K）与 劳动力（L）的供给量不变，能源的实际价格 P_E 也恒定，当能源边际生产率随能源利用效率 ε 下降时，能源边际生产率等于实际能源价格，由于需要保持均衡，能源消费量自然就降低了。

因此提高能源利用效率 ε 能否在短期内降低能源消费量，必须符合下面的条件：

将能源节约条件用下式表示：

$$ECC = \frac{\partial}{\partial \varepsilon}\Big|_{E=E^0} \frac{\partial Y}{\partial E} < 0 \qquad (7.3)$$

针对基于 CD 函数嵌套的 CES 生产函数，可得经济产出对能源消费量的一阶导数为：

$$\frac{\partial Y}{\partial E} = b(1+r)\ \varepsilon^{\rho}(\frac{Y}{E})^{1-\rho} \qquad (7.4)$$

从而可得能源节省条件为：

$$ECC = \frac{\partial}{\partial \varepsilon}\Big|_{E=E^0} \frac{\partial Y}{\partial E} = b(1+r)\ \varepsilon^\rho (\frac{Y}{E})^{1-\rho} [\frac{\rho}{\varepsilon} + \frac{(1-\rho)\ \eta_E(Y)}{\varepsilon(1+\gamma)}] < 0 \quad （7.5）$$

即 $\rho(1+\gamma) + (1-\rho)\ \eta_E(Y) < 0$ ，将 $\rho = \dfrac{\sigma - 1}{\sigma}$ 代入得

$$\sigma < 1 - \frac{\eta_E(Y)}{1+\gamma} \quad （7.6）$$

7.2.4 短期能源回弹效应的求解与分析

短期内，资本供给（K）固定，仅存在能源消费量（E）变动，在能源效率内生、劳动供给外生的情形下，由微观经济学中完全竞争市场条件下的生产函数一阶条件可知，能源的边际产出与其真实价格相等，即

$$\frac{\partial Y}{\partial E} = b(1+\gamma)\ \varepsilon^\rho (\frac{Y}{E})^{1-\rho} = P_E \Rightarrow Y = [\frac{P_E}{b(1+\gamma)\ \varepsilon^\rho}]^{\frac{1}{1-\rho}} E \quad （7.7）$$

由此可得短期条件下的系统方程：

$$\begin{cases} \psi_1 = Y - [a(K^\alpha L^{1-\alpha})^\rho + b(\varepsilon E)^\rho]^{1/\rho} = 0 \\ \psi_2 = Y - [\dfrac{P_E}{b(1+\gamma)\ \varepsilon^\rho}]^{\frac{1}{1-\rho}} E = 0 \end{cases} \quad （7.8）$$

通过对相应方程的偏导数求解，可将上述系统方程的雅可比矩阵表示为：

$$J^S = \begin{bmatrix} \dfrac{\partial \psi_1}{\partial Y} & \dfrac{\partial \psi_1}{\partial E} \\ \dfrac{\partial \psi_2}{\partial Y} & \dfrac{\partial \psi_2}{\partial E} \end{bmatrix} = \begin{bmatrix} 1 & -b(1+\gamma)\ \varepsilon^\rho (\dfrac{Y}{E})^{1-\rho} \\ 1 & -\dfrac{Y}{E}\cdot\dfrac{1-\rho(1+\gamma)}{1-\rho} \end{bmatrix} = \begin{bmatrix} 1 & -P_E \\ 1 & -\dfrac{P_E}{\eta_E(Y)}\cdot\dfrac{1-\rho(1+\gamma)}{1-\rho} \end{bmatrix} \quad （7.9）$$

根据隐函数方程组偏导法则，存在如下关系：

$$\begin{bmatrix} \dfrac{\partial \psi_1}{\partial Y} & \dfrac{\partial \psi_1}{\partial E} \\ \dfrac{\partial \psi_2}{\partial Y} & \dfrac{\partial \psi_2}{\partial E} \end{bmatrix} \begin{bmatrix} \dfrac{\partial Y}{\partial \varepsilon} \\ \dfrac{\partial E}{\partial \varepsilon} \end{bmatrix} = - \begin{bmatrix} \dfrac{\partial \psi_1}{\partial \varepsilon} \\ \dfrac{\partial \psi_2}{\partial \varepsilon} \end{bmatrix} \quad （7.10）$$

容易推出 $\dfrac{\partial \psi_1}{\partial \varepsilon} = -\left(\dfrac{Y}{\varepsilon}\right)^{1-\rho} \cdot bE^{\rho} = -\left(\dfrac{Y}{\varepsilon}\right) \cdot \dfrac{\eta_E(Y)}{1+\gamma}$, $\dfrac{\partial \psi_2}{\partial \varepsilon} = -\dfrac{Y}{\varepsilon} \cdot \dfrac{-\rho}{1-\rho} = \dfrac{Y}{\varepsilon} \cdot \dfrac{\rho}{1-\rho}$,

将其代入上式，可得：

$$
\begin{bmatrix} 1 & -P_E \\ 1 & -\dfrac{P_E}{\eta_E(Y)} \cdot \dfrac{1-\rho(1+\gamma)}{1-\rho} \end{bmatrix} \begin{bmatrix} \dfrac{\partial Y}{\partial \varepsilon} \\ \dfrac{\partial E}{\partial \varepsilon} \end{bmatrix} = -\begin{bmatrix} -\left(\dfrac{Y}{\varepsilon}\right) \cdot \dfrac{\eta_E(Y)}{1+\gamma} \\ \dfrac{Y}{\varepsilon} \cdot \dfrac{\rho}{1-\rho} \end{bmatrix} \tag{7.11}
$$

对（7.11）式进行求解并利用 $P_E = \eta_E(Y)\dfrac{Y}{E}$ 可以求出能源消费对能源效率的弹性：

$$
\eta_\varepsilon(E) = \dfrac{1}{1-\sigma\gamma+\gamma-\eta_E(Y)} \cdot \dfrac{\eta_E(Y)-\sigma-\sigma\gamma+\gamma+1}{1+\gamma} \tag{7.12}
$$

根据能源回弹效应的原始定义，可得短期回弹效应：

$$
RE_{short} = 1 + \eta_\varepsilon(E) = 1 + \dfrac{1}{1-\sigma\gamma+\gamma-\eta_E(Y)} \cdot \dfrac{\eta_E(Y)-\sigma-\sigma\gamma+\gamma+1}{1+\gamma} \tag{7.13}
$$

7.2.5 长期能源回弹效应的求解与分析

长期内，资本供给（K）与能源消费量（E）均自由变动，因此在能源效率内生、劳动供给外生的情形下：

$$
\dfrac{\partial Y}{\partial K} = a\alpha Y^{1-\rho} L^{(1-\alpha)\rho} K^{\alpha\rho-1} = P_K \Rightarrow Y = \left[\dfrac{P_K}{a\alpha L^{\rho(1-\alpha)}}\right]^{\frac{1}{1-\rho}} K^{\frac{1-\alpha\rho}{1-\rho}} \tag{7.14}
$$

则 $\psi_3 = Y - \left[\dfrac{P_K}{a\alpha L^{\rho(1-\alpha)}}\right]^{\frac{1}{1-\rho}} K^{\frac{1-\alpha\rho}{1-\rho}} = 0$ ，由此可得长期条件下的系统方程：

$$
\begin{cases} \psi_1 = Y - [a(K^\alpha L^{1-\alpha})^\rho + b(\varepsilon E)^\rho]^{1/\rho} = 0 \\ \psi_2 = Y - \left[\dfrac{P_E}{b(1+\gamma)}\dfrac{1}{\varepsilon^\rho}\right]^{\frac{1}{1-\rho}} E = 0 \\ \psi_3 = Y - \left[\dfrac{P_K}{a\alpha L^{\rho(1-\alpha)}}\right]^{\frac{1}{1-\rho}} K^{\frac{1-\alpha\rho}{1-\rho}} = 0 \end{cases} \tag{7.15}
$$

通过对相应方程的偏导数求解，可将上述系统方程的雅可比矩阵表示为：

$$J^L = \begin{bmatrix} \dfrac{\partial \psi_1}{\partial Y} & \dfrac{\partial \psi_1}{\partial E} & \dfrac{\partial \psi_1}{\partial K} \\[3mm] \dfrac{\partial \psi_2}{\partial Y} & \dfrac{\partial \psi_2}{\partial E} & \dfrac{\partial \psi_2}{\partial K} \\[3mm] \dfrac{\partial \psi_3}{\partial Y} & \dfrac{\partial \psi_3}{\partial E} & \dfrac{\partial \psi_3}{\partial K} \end{bmatrix} = \begin{bmatrix} 1 & -P_E & -P_K \\[3mm] 1 & -\dfrac{P_E}{\eta_E(Y)} \cdot \dfrac{1-\rho(1+\gamma)}{1-\rho} & 0 \\[3mm] 1 & 0 & -\dfrac{1-\alpha\rho}{1-\rho}\dfrac{P_K}{\eta_K(Y)} \end{bmatrix} \quad (7.16)$$

根据隐函数方程组偏导法则，存在如下关系：

$$\begin{bmatrix} \dfrac{\partial \psi_1}{\partial Y} & \dfrac{\partial \psi_1}{\partial E} & \dfrac{\partial \psi_1}{\partial K} \\[3mm] \dfrac{\partial \psi_2}{\partial Y} & \dfrac{\partial \psi_2}{\partial E} & \dfrac{\partial \psi_2}{\partial K} \\[3mm] \dfrac{\partial \psi_3}{\partial Y} & \dfrac{\partial \psi_3}{\partial E} & \dfrac{\partial \psi_3}{\partial K} \end{bmatrix} \begin{bmatrix} \dfrac{\partial Y}{\partial \varepsilon} \\[3mm] \dfrac{\partial E}{\partial \varepsilon} \\[3mm] \dfrac{\partial K}{\partial \varepsilon} \end{bmatrix} = - \begin{bmatrix} \dfrac{\partial \psi_1}{\partial \varepsilon} \\[3mm] \dfrac{\partial \psi_2}{\partial \varepsilon} \\[3mm] \dfrac{\partial \psi_3}{\partial \varepsilon} \end{bmatrix} \quad (7.17)$$

将 $\dfrac{\partial \psi_1}{\partial \varepsilon} = -(\dfrac{Y}{\varepsilon})^{1-\rho} \cdot bE^\rho = -(\dfrac{Y}{\varepsilon}) \cdot \dfrac{S_E}{1+\gamma}$，$\dfrac{\partial \psi_2}{\partial \varepsilon} = -\dfrac{Y}{\varepsilon} \cdot \dfrac{-\rho}{1-\rho} = \dfrac{Y}{\varepsilon} \cdot \dfrac{\rho}{1-\rho}$ 代入式

（7.17），可得：

$$\begin{bmatrix} 1 & -P_E & -P_K \\[3mm] 1 & -\dfrac{P_E}{S_E} \cdot \dfrac{1-\rho(1+\gamma)}{1-\rho} & 0 \\[3mm] 1 & 0 & -\dfrac{1-\alpha\rho}{1-\rho}\dfrac{P_K}{\eta_K(Y)} \end{bmatrix} \begin{bmatrix} \dfrac{\partial Y}{\partial \varepsilon} \\[3mm] \dfrac{\partial E}{\partial \varepsilon} \\[3mm] \dfrac{\partial K}{\partial \varepsilon} \end{bmatrix} = - \begin{bmatrix} -(\dfrac{Y}{\varepsilon}) \cdot \dfrac{\eta_E(Y)}{1+\gamma} \\[3mm] \dfrac{Y}{\varepsilon} \cdot \dfrac{\rho}{1-\rho} \\[3mm] 0 \end{bmatrix} \quad (7.18)$$

对式（7.18）进行求解并利用 $P_E = \eta_E(Y)\dfrac{Y}{E}$ 与 $P_K = \eta_K(Y)\dfrac{Y}{K}$，$\dfrac{\eta_K(Y)}{\eta_L(Y)} = \dfrac{\alpha}{1-\alpha}$

与 $\eta_E(Y) = 1 - \eta_K(Y) - \eta_L(Y)$ 可以求出能源消费对能源效率的弹性 $\eta_\varepsilon(E)$：

$$\eta_\varepsilon(E) = \frac{\alpha(\sigma - \alpha\sigma + \alpha)(\sigma + \sigma\gamma - \gamma) + (2\alpha\sigma - 2\alpha + \alpha\sigma\gamma - \alpha\gamma - \sigma)\eta_K(Y)}{(1+\gamma)[\alpha\gamma(1-\sigma)(\sigma - \alpha\sigma + \alpha) + (\sigma - \alpha\sigma - \alpha\gamma + \alpha\sigma\gamma)\eta_K(Y)]} \quad (7.19)$$

或

$$\eta_\varepsilon(E) = \frac{\alpha - \alpha^2\rho - \eta_K(Y) + \rho\eta_K(Y) + \alpha\rho\gamma - \alpha^2\rho^2\gamma - \alpha\rho\gamma S_K + \alpha\rho^2\gamma \cdot \eta_K(Y)}{(1+\gamma)[\alpha^2\rho^2\gamma - \alpha\rho\gamma + (\alpha\rho + \alpha\rho\gamma - \alpha - \alpha\rho^2\gamma + 1 - \rho) \cdot \eta_K(Y)]} \quad (7.20)$$

由式（7.19）与式（7.20）可知，能源效率内生化视角下的长期能源回弹效应不仅取决于产出对资本的弹性 $\eta_K(Y)$，同时还与资本 - 劳动的替代参数 α 有关。

7.3　我国经济层面能源回弹效应模型估计与结果分析

7.3.1　CES 生产函数模型估计

为了确定哪种估计方法更适合测算中国整体经济层面的能源回弹效应，本节先将模型（7.1）进行了线性化，结果表明，线性化后的原方程变得异常复杂，无法进行之后的测算。另外，线性化后的原方程也无法满足线性回归估计的要求，因此本节拟采用非线性回归估计方法进行测算。具体过程如下：

根据式（7.13）和式（7.19）的计算结果，若能将 α、ρ 和 γ 的值估计出，并利用已有的中国历年投入产出统计数据（1978—2012 年）计算得到 $\eta_E(Y)$ 与 $\eta_K(Y)$ 的值，即可测算出中国整体经济层面长期与短期能源回弹效应的大小。因此，可将式（7.1）两边同时取自然对数将其转化为：

$$\ln Y = \frac{1}{\rho} \ln \left(aK^{\rho\alpha} L^{\rho(1-\alpha)} + bG^{\rho} E^{\rho(1+\gamma)} \right) \tag{7.21}$$

即

$$\ln Y = c_1 \cdot \ln \left(c_2 \cdot k^{\frac{c_3}{c_1}} \cdot L^{\frac{1-c_3}{c_1}} + c_4 \cdot E^{c_5} \right) \tag{7.22}$$

其中

$$\begin{cases} c_1 = \dfrac{1}{\rho} \\ c_2 = a \\ c_3 = \alpha \\ c_4 = bG^{\rho} = (1-a)\ G^{\rho} = (1-c_2)\ G^{\frac{1}{c_1}} \\ c_5 = \rho(1+\gamma) = \frac{1+\gamma}{c_1} \end{cases} \tag{7.23}$$

对于我国的整体经济而言，式（7.21）中的 Y、K、L、E 分别代表我国历年的 GDP、资本存量、就业人数与能源消费量（以标准煤为单位计算）。

通过对多种非线性估计方法的尝试，笔者发现，非线性普通最小二乘法得到的结果最为符合实际情况，得到的结果也最为理想，因此本节拟采用非线性普通最小二乘估计法对原方程进行回归。

7.3.2 变量的设定与样本选取

本节选取改革开放后我国统计资料中相关投入产出数据完整可得的 1978—2012 年作为测算范围，对其间各年的长期与短期能源回弹效应进行全面测算。根据模型（7.21），本节的主要变量为：当期总产出（Y）；当期资本存量（K）；当期劳动力（L）；当期能源消费量（E）。

1. 当期总产出

本节采用我国历年的 GDP 作为衡量我国经济发展的基本指标，并按照 1978 年不变价格对 GDP 进行折算，得到的值为我国经济总产出 Y 的数据，单位亿元，具体数据来源于历年《中国统计年鉴》，转化的具体数据见附表 4。

（2）当期资本存量

资本存量的测算主要采用永续盘存法，参考单豪杰与张军和章元等的思路，在估计一个基准年（1952 年）后运用永续盘存法按 1978 年不变价格计算各省区市的资本存量。这一方法可以写为：

$$K_{it} = K_{it-1}(1 - D_{it}) + I_{it} \qquad （7.24）$$

其中，K_{it} 为第 i 省第 t 年的资本存量，D_{it} 为第 i 省第 t 年的经济折旧率，I_{it} 为第 i 省第 t 年的投资。该公式中主要涉及以下四个变量：一是基期资本存量 K 的确定；二是每年的投资额 I 的确定；三是投资价格指数的确定，以便折算出不变价格；四是效率模式的假设以及经济折旧率 D 的确定。

为了通过永续盘存法来估算我国的资本存量，本节假定资本相对效率几何下降，即采用资本几何效率递减的余额折旧法：

$$D_t = (1 - D)^t \qquad （7.25）$$

其中：D_t 为资本相对效率，即旧资本对新资本的边际生产效率； D 表示资本重置率或资本折旧率；t 代表时间跨度。

在资本相对效率几何递减的假定下，每年资本重置率分布不变。根据单豪杰对我国资本存量的测算方法，估计得出 1952 年我国的资本存量为 351 亿元（如表 7.2 所示），结合表 7.2 与式（7.24）及附表 4 可测算出我国 1978—2012 年历年的资本存量，并将其转化为 1978 年不变价格进行分析。

表 7.2 1953—1957 年产出与投资的增长率状况及基期资本存量的计算[①]

年份	1953	1954	1955	1956	1957	年增长率	1952 年资本存量
I 增长率	0.446	0.230	0.079	0.514	−0.111	0.209	K=111.69/
Y 增长率	0.156	0.042	0.068	0.151	0.051	0.081	（0.209+0.1096） =351 亿元

（3）当期劳动力

劳动力投入指的是生产过程中实际投入的劳动量。虽然在完全竞争市场机制下，劳动收入可以理想地反映劳动投入量，劳动力的投入可以借助劳动收入来表示。但由于在改革开放后我国一直处于由计划经济体制向市场经济体制转变的阶段，收入远未达到市场机制下的按劳分配，而且现阶段缺乏与劳动报酬对应的统计数据与资料。因此，本节将改革开放后我国历年年末的就业人员数作为劳动力投入指标数据，单位为万人，具体数据来源于改革开放后历年《中国统计年鉴》。

（4）当期能源消费量

《中国能源统计年鉴》中能源消费数据包括煤炭、石油、天然气和电力等，为便于统一计算，本节将统计资料中的相关实物数据均折算成以标准煤为单位的能源消费量（采用万吨标准煤作为基本计量单位）。

本节相关基础数据主要来源于《中国统计年鉴》《新中国 60 年统计资料汇编》《中国能源统计年鉴》《中国国内生产总值核算历史资料（1952—1995）》及《中国国内生产总值核算历史资料（1952—2012）》。

---

① 单豪杰关于 1953—1957 年的投资年均增长率计算错误，用几何平均计算的年均增长率公式应为 $[(1+0.446)×(1+0.23)×(1+0.079)×(1+0.514)×(1−0.111)]^{\frac{1}{5}}−1=0.209$ 而不是 0.231，出现该错误的原因是错误计算时前面的增长率都多加了一个百分号，即按照（1+0.446%）依次计算，最后结果为 0.231%，但右侧公式 10.96% 的折旧率写为 0.1096 就表明，本表中的数据是去掉百分号后的。因此带入 0.231 计算的基期资本存量就是错误的。这直接影响了后来所有资本存量 K 的估算。现奉上修正版的我国 1952—2012 年的资本存量（以 1952 年为基期）核算方法，见附录 5。

7.3.3 中国经济层面能源回弹效应结果与分析

7.3.3.1 CES 生产函数估计

通过运用 Eviews 8.0 软件对中国嵌套的 CES 生产函数方程（7.1）进行非线性回归，得到结果如表 7.3 所示。

表 7.3　CES 生产函数估计结果

变量	系数估计	标准差	T 值	概率
c_1	0.577***	0.139	4.141	0.0003
c_2	0.336***	0.093	3.598	0.0011
c_3	0.736***	0.016	45.93	0.0000
c_4	−136341.7**	390695.1	−0.349	0.0295
c_5	0.267778	0.533176	0.502	0.1192

根据估计结果可计算得出 ρ、a、α 与 γ 的值分别为 1.02、0.52、0.74 与 −2.09。与我国实际情况基本相符。

7.3.3.2 能源回弹效应测算结果分析

运用我国嵌套 CES 生产函数的估计结果，将相关数值代入式（7.13）与式（7.19）短期与长期能源回弹效应的计算公式，很容易得到改革开放后历年中国经济层面短期与长期能源回弹效应的值（见表 7.4）。

基于嵌套 CES 生产函数所估计的我国历年整体经济层面回弹效应结果可知，短期内，我国能源回弹效应大约在 55.5%，变化幅度不大，均小于 100%，1996—2000 年有略微上升的趋势，但变化幅度很小，基本可以忽略。测算结果表明我国整体经济层面不存在短期"逆反效应"。虽然短期内我国由能效改进所引起的能源节约有一半以上被回弹效应抵消了，但短期内，为达到能源消费总量的下降，提高能源效率仍不失为一个正确的政策选择。

表 7.4　短期与长期能源回弹效应测算结果

年份	短期 RE	长期 RE	年份	短期 RE	长期 RE	年份	短期 RE	长期 RE
1978	0.558	1.480	1981	0.468	1.478	1984	0.544	1.476
1979	0.556	1.474	1982	0.544	1.475	1985	0.539	1.478
1980	0.552	1.477	1983	0.540	1.476	"六五"均值	0.527	1.477

续表

年份	短期 RE	长期 RE	年份	短期 RE	长期 RE	年份	短期 RE	长期 RE
1986	0.539	1.481	"八五"均值	0.545	1.480	2005	0.532	1.481
1987	0.539	1.480	1996	0.559	1.482	"十五"均值	0.534	1.482
1988	0.538	1.480	1997	0.711	1.481	2006	0.535	1.481
1989	0.530	1.482	1998	0.883	1.482	2007	0.539	1.480
1990	0.545	1.482	1999	0.548	1.482	2008	0.549	1.482
"七五"均值	0.538	1.481	2000	0.548	1.481	2009	0.541	1.483
1991	0.541	1.479	"九五"均值	0.650	1.482	2010	0.540	1.482
1992	0.552	1.478	2001	0.549	1.481	"十一五"均值	0.541	1.482
1993	0.546	1.480	2002	0.537	1.481	2011	0.535	1.482
1994	0.546	1.481	2003	0.527	1.482	2012	0.543	1.483
1995	0.538	1.481	2004	0.526	1.482	均值	0.555	1.480

　　长期来看，基于嵌套 CES 生产函数所估计的我国历年整体经济层面长期回弹效应表现为逆反效应，全国长期回弹效应一直维持在高位，超过 100%。这表明我国虽一直注重能源消耗的节省，但成效甚微，长期内我国的能源节约仍有巨大空间。长期内单纯依靠改进能源效率并不能降低能源消费，这可能是因为改革开放 40 多年来，我国经济一直维持在 10% 以上，使得经济增长引起的能源消费增加量超过了能源效率改进引起的能源节约量。因此从长期来看，对能源消费的节约还应该借助其他政策措施，只有这样才能保证节能目标的实现。

7.4　本章小结

　　本章在能源效率内生、要素产出弹性可变的条件下，对能源回弹效应进行了理论阐释、经验测算和政策分析，以期丰富和深化读者对能源回弹效应的认识和理解。测算结果表明，在能源效率内生化条件下，CES 生产函数具有足够的灵活性是理想的测算能源回弹效应的模型形式，同时也证明了内生增长理论较新古典增长理论对于回弹效应具有更强的解释力。该理论测算模型的主要结论在实证研究中也均得到了验证。我国能源使用过程中的"学习"效应呈现出边际递减趋势，能源改进型技术进步的获得变得越来越困难；短期内能源回弹效应表现为部分回弹效应，表明资本与劳动力的调节作用对于回弹效应具有促进作用，将短期内取得的节能效果部分抵消；从长期来看，回弹效应表现为逆反效应，我国的长期回弹效应要远远高于大多数发达国家，这主要可归因于我国经济的快速发展所带来的对能源需求的拉动效应，使得由技术进步引起的能效改进所产生的潜在节能效果中的大部分成果被资本追加和产出增长所带来的新一轮能源需求所"鲸吞"。尽管通过提高能效而降低能源消费的政策思路在我国是总体可行的，但从长期来看，回弹效应影响太大，能效改进所节约的能源都被抵消了，因此我国宏观经济层面存在较大的节能空间。首先，不应该在相关政策设计中忽略回弹效应的重要影响，在制定节能减排目标和进行相应的政策选择时，如能将潜在的回弹效应充分考虑其中，将可以做出更加合理有效的政策设计和制度安排；其次，单纯依靠技术进步改进能源效率的节能政策只能部分地解决问题，还必须引入价格、税收等一系列以市场为导向的辅助性政策组合对回弹效应加以限制，以促使最大限度地实现能源效率改进所获得的潜在节能成果；最后，在能源政策的调整和改革过程中，必须谨慎对待不同政策措施之间的负面影响及其对宏观经济可能产生的负面冲击，只有不同政策影响的优化组合才能够实现我国经济发展与节能减排并进的双重目标。在当前我国能源问题凸显的情况下，盲目地实施各种节能政策其效果肯定不会太理想，如何科学合理地制定宏观能源政策，能源回弹效应不容忽视。

本章的研究同样存在一些不足，首先由于模型的假设非常严格，而中国过去40多年的经济体制并非完的市场经济体制，而是一直处于计划经济向市场经济的转变阶段，且本章所用到的测算模型并未考虑其他因素如政策、资本的存储等的影响，因而模型的测算结果难免出现一定的偏误。其次我国的宏观数据稳定性不足，本章对数据样本的处理可能科学性也不足，因而对回归估计结果可能也会存在一定影响。同时，本章对中国整体经济层面能源回弹效应的研究并未考虑能源价格的影响，第一次石油危机以来，能源价格总体维持上升趋势，但波动非常明显，根据消费需求价格理论，这些因素的变化对能源消费影响颇大，而本章完全忽略了价格变动所产生的影响，这应该成为今后我们进一步研究的方向。

第8章　能源回弹效应的抑制政策与总结评述

8.1　能源回弹效应的抑制政策

　　尽管能源效率的改进和经济的快速增长在大多数情况下均可能引发一定程度的回弹效应，但我们显然不能指望通过减缓能源效率提高这种因噎废食的方式来对其加以限制。回弹效应问题的解决也并非易事，而是一项涉及多种因素的复杂的系统工程，需要从工程技术部门到政府机构、从社会消费观念到经济发展方式、从经济学家到社会学家等多方面的共同努力。正如冯·魏茨泽克（Von Weizsäcker）等所言："要想削弱回弹效应的影响，不能仅仅通过限制手机重量或制定机动车效率标准等这样一些治标不治本的途径。……只有真正了解消费者购买节能商品的动机，才能做出正确的额外需求预测。因此，决不能把限制回弹效应的政策想得太过简单。"然而，与回弹效应的理论与经验研究相比，学界目前对于如何限制回弹效应的研究进展还很有限，大多处于探索阶段，可操作性较强或成功应用于实践中的政策措施也很少见。从现有研究情况来看，相关政策措施或应对思路大体上可分为以下五类。

　　①通过征税提高能源使用成本。能源回弹效应的相关研究表明，技术进步并不能完全解决气候变化与节能减排这些难题。任何相关能源政策都不能仅仅依靠技术层面上的部署，还必须加强税收与监管层面的策略性部署。在能源名义价格保持不变的情形下，单纯地依靠技术进步这一手段来实现经济增长与能源消费之间的脱钩是异常艰难的。由于越来越多的技术创新行为降低了能源服务的有效成本，如果不通过碳税和能源税等手段对其能源使用成本进行调节的话，那么想要使经济增长脱钩于能源消费将变得越来越困难。冯·魏茨泽克等也认为限制回弹效应的一个有效方法，就是不断地提高能源使用成本，其主要目的是使能源消费与可持续的能源供应达到平衡状态，即通过征收环境税、能

源税、碳税等生态税来提高能源价格及消费成本，使消费者逐渐意识到节约能源的真正含义——"知足常乐"。征税具有明显抑制能源消费的作用，与通过碳排放交易体系而达到的碳减排效果相比，生态税的减排效果更加令人瞩目。布兰恩兰（Brannlund）、加尔瓦什（Ghalwash）、诺德斯敦（Nordstom）以及默里等也均认为提高能源税或碳税税率有助于限制回弹效应。但同时也有研究显示，增加碳税收入本身也可能因政府的相关支出行为而具有引起回弹效应的潜在可能，因此，这种政策思路需要被谨慎对待。默里等指出回弹效应对于环境政策的制定应该成为一个重要的考虑因素，而且环境税（碳税）收入的支出选择对于回弹效应的限制效果具有重要的影响。如果采取降低个人所得税或居民消费税的政策措施，那么征收碳税的环境效应就会被部分抵消。要想使税收政策达到最理想的综合效果，就必须使整体税收政策足以鼓励经济发展朝着远离化石能源消费的方向转变。如果将增加的税收收入用于碳减排，那么就可能使回弹效应得到缓解。

②改变居民的消费观念和消费习惯。默茨（Moezzi）提出在降低能耗方面，过度信赖技术上的解决方案是错误的选择，而需要转变的是人类的消费观念和消费习惯。她提倡在制定能源标识和能源标准时，应强调更多地采用能源消费绝对量，而不是相对量。她认为能源政策的制定标准和方针本身应该揭示出商品及其可能的去向等方面的道德和技术判断准则。在评价任何有关节能或能效的特定标准、方针或其他信息时，不单要考虑狭义上的节能，更关键的是还要考虑其中所传达的潜在信息，以及这些信息如何在短期和长期内对于人们在效率和消费观念认识上所产生的影响。只有选择能够描述能源消费的绝对量而不是相对量的政策，才可能借此引导人们在能源使用的观念意识及实际行动上真正发生转变。波利梅尼（Polimeni）也指出技术并非解决世界能源需求问题的理想途径，而解决回弹效应问题的关键应在于通过改变人类的消费习惯而使能源需求行为发生转变，因为消费行为的变化能够促进居民生产与生活方式随之转变。欧阳金龙等提供了进一步的讨论。他们认为消费者可能从能源效率改进中获得很多利益而使其生活方式得到改善，他们可以将节省出来的劳作时间更多地用于闲暇，并开始致力于改变其家庭室内环境，使其变得更加舒适与健康。一旦这些额外的能源需求有所减少，那么回弹效应就会在一定程度上得到抑制。因此，限制回弹效应的可行途径之一，就是引导消费行为朝着可持续性的生活方式转变。这就需要向消费者准确发布能源消费和环境影响的相关信息，来激励人们能够更加理性地对待能源消费，使其消费行为更具环境可持续性。

③通过价格手段进行调控。比罗尔（Birol）和凯普勒（Keppler）认为，毫无疑问，技术进步能够有效地降低能源强度、提高能源效率，但同时其也会刺激经济增长，进而产生一定程度的能源回弹效应。因此，充分利用价格调控，有效地调节能源要素与其他要素的替代，从而促使消费者更多地使用其他要素，减少能源的使用，才能真正实现节能减排的目的。同时，他们还提出要想在保持经济增长的同时降低能源消费，就必须将价格政策与技术进步政策进行有机结合。政府的作用应该是通过及时提供市场信息和建立责任体系等措施，在保证市场价格能够充分反映生产成本的同时，使市场交易成本降低。另外，政府应该通过适当的约束性政策为竞争性市场的正常运行提供保障，确保市场价格公开透明，使其结构性条件的变化能够迅速发挥作用，所采用的新技术也能够快速地扩散。在促进能源技术改进方面，政府在制定相关政策时要遵循对个人努力的"挤出"效应尽可能小的原则，并力求使正向的技术溢出效应实现最大化。上述观点也得到了一些学者的支持。索雷尔就指出，各国政府在制定应对气候变化政策时应该加倍重视考虑回弹效应的影响，尤其要确保节能减排的重点不完全局限于能源效率措施。迄今为止，回弹效应的最新研究成果，更突显了基于价格调控的措施对于直接减少能源消费、控制碳排放的有效性。桑内（Sanne）的研究结果显示，由于能源定价过低，消费者可以从能源效率改进中轻易获得实惠，从而使回弹效应增强。丹尼尔松（Danielsson）也认为能源效率改进所引起的能源服务实际价格的下降，是引起回弹效应的直接与主要原因，因此通过政府干预将能源及能源服务的价格维持在较高水平能够有效地抑制回弹效应。事实上，回弹效应的存在，在一定程度上说明了与居民可支配收入相比，能源价格是偏低的，因此，提高能源价格对于解决回弹效应问题是一项很有吸引力的政策措施。但是，也有学者指出，仅简单地提高能源价格还不足以完全达到，建立一种分阶段实施并考虑不同收入群体的合理的能源价格体系才是更为明智的选择。

④发展可再生能源对不可再生能源进行替代。冯·魏茨泽克等指出如果人们能够大量利用可再生能源，并且循环利用水及其他资源，那么不但回弹效应可以得到有效控制，经济发展也能够摆脱生态破坏的梦魇。欧阳金龙等对此进行了更为深入的讨论，他们认为只要可再生能源在家庭能源总消费中达到较大的比重，那么回弹效应对能源需求和能源安全所带来的负面效应就会被极大地削弱。因此，发展可再生能源对不可再生能源进行部分替代，可以成为抑制微观家庭层面回弹效应的一个有效途径。但是，可再生能源的开发利用所产生的经济效益较低，又需要付出较高的成本，且目前一次性能源等非可再生能源

的价格相对较低，这就决定了可再生能源投资计划难以在实践中通过市场经济机制得以实现。因此，可再生能源的投资与开发必须通过政府的行政手段进行干预。

⑤建立基金为后代预付当前能源消耗损失冯·魏茨泽克等提出一种应对回弹效应问题的途径，即建立所谓的"保障未来幸福投资基金"，为祖孙后代预先支付当前能源消耗所造成的损失。挪威对此已经进行了尝试。在发现北海海底油田储量仅够开采几十年后，挪威建立了一个被称为"政府退休基金"（Government Pension Fund）的石油基金。目前已有 30 多个国家的政府持有该基金的股票，总市值达到 1600 亿欧元。对于不再有机会获取石油收益的后代来说，这是一笔保障性资金。不过，由于该基金的规模过于庞大，其很快就受到了外界的抨击。有人担心挪威政府可能会为了自己的利益而对资本市场加以干预，因此强烈要求该基金账户要有一定的透明度，并且重大决策必须征求国际社会的意见。即便在挪威国内，各界的批评也不绝于耳。毕竟不管是为了健康、教育还是养老，总有部分人是短视的，只顾眼前利益而不顾长远利益，这是无可厚非的。不过大多数民众还是对这项为未来做准备的基金予以支持。

还有一些学者认为单一的政策措施很难达到理想的效果，从而主张采取多种措施相互搭配的政策组合来对回弹效应进行限制。如布鲁克斯认为要想通过限制资源的利用来满足环境目标，就一定会付出必要的经济成本，任何通过限制能源效率提高而同时实现经济发展与降低能源消费双重目标的想法都是荒谬的。应对回弹效应问题需要采取一系列的政策措施，包括制定逐步淘汰煤炭消费计划、对化石燃料的使用征税，以及通过贸易许可等措施对各种相关要素进行优化配置，引导消费者通过自身的消费行为对各种生产资源的配置进行优化选择，从而在实现最高效的资源配置的同时，也将这些新的政策措施对经济所造成的负向冲击控制在最低程度。索雷尔则提出采用以能源或（和）碳排放定价机制为核心的组合政策措施来应对回弹效应。他认为合理的能源或（和）碳排放的定价机制能够在提高能源效率的同时，通过使能源服务的成本维持在一个相对稳定的水平，从而达到控制直接和间接回弹效应的目的。另外，所制定的价格水平需要以能够适应收入增长与回弹效应的速度而逐渐提高，以此来控制碳排放的增加。要有效地降低碳排放，就必须令相应的能源价格增长速度快于碳排放的增长速度。但是，由于无法克服低碳技术创新与扩散过程中的许多障碍，并且可能对收入分配与企业竞争力产生不利影响，所以上述定价机制本身可能并不足以达到理想的节能减排效果。同样，纯粹以市场机制为基础的政策措施也存在着明显的缺陷和不足。因此，有必要采取多方面的政策组合来控制回弹效应与碳排放。欧阳金龙等也认为要想从微观家庭层面限制回弹效应，就应采取规制"大棒"（如定价机制和税收）、财政"胡萝卜"（削减预算开支）及向公众提供更多能源和环境信息（如家电能源标签、各种家务劳动与能源消耗的关联及环境友好型技术产品）这三类途径相结合的政策措施。

8.2　能源节约的政策建议

能源节约是一个系统的工程，它通过一系列措施减少现有系统的能源损失，鼓励生产者发明先进技术，鼓励消费者采用高效的用能设备，实现对低效用能设备的替代，提高终端用能的效率，在获得同等用能服务的情况下减少能源需求与能源消耗，获得能源节约和减少碳排放的效益。能源效率的改进和能源的节约对社会经济的可持续发展起重要的支撑和促进作用。能源节约除了一些传统的价格、税收和补贴等政策外，还广泛包括提供节能信息服务、发布节能标准、推广综合资源规划、建立基于市场的节能投资机制等措施，这些措施都能够实现整个国家系统层面的能源节约。

8.2.1　财政政策

财政政策是整个国家能源需求管理体系的基础，其实现能源节约的途径主要有两条：一是通过增加能源的使用成本，刺激能效的改进；二是通过给予适当的经济补贴，降低能源节约的投资成本，实现新技术的推广使用。

8.2.1.1　价格

能源价格不仅要注重经济效果和排除扭曲因素，而且应该允许能源价格反映长期边际成本和使用时造成的环境成本在能源价格中的内在化等。市场化的能源价格能够提供正确的市场信号，引导能源供应、终端用能需求等方面的投资行为。

8.2.1.2　税收

税收减免是节能财税政策的一项重要举措：一方面通过税收减免的实施，鼓励消费者购买节能产品和相关服务；另一方面通过征收环境税，如能源税、碳税等税种，促进能效投资，促进能源节约。例如，日本通过制定节能投资促进税实现能源的节约，即若企业购置政府指定的节能设备，且在一年内使用，可从应缴所得税中扣除设备购置费的 7%。最大幅度可达到应缴所得税额的 20%。但如何使这两种税收的实施达到平衡，最大限度地实现能源节约，还有待进一步研究。

8.2.1.3　补贴

现金补贴是刺激消费者实施节能行为的一种直接有效形式。在美国，联邦政府、州政府及各电力公司等公共事业组织都会给予大量的经费补贴，用于鼓励用户购买节能设备；在节能技术的研发方面，也采取多种融资方式给予资金支持，并以多种形式进行补贴。而对于如何引导消费者将所获得的节能补贴用于更多的节能行为，却是一个值得深究的课题。

8.2.2　创新政策

8.2.2.1　需求侧管理

需求侧管理（Demand Side Management，DSM）也叫电力需求侧管理，是指在国家相关法规与政策支撑下，运用相关经济激励与政策诱导措施，引导消费者终端电力需求用能方式的改变，提高其终端能源利用效率，改变其用能习惯与用能行为，使其在获得相同能源服务的同时，减少电力消耗与需求，实现资源的优化配置，进而实现消费者电力服务成本最小化的能效管理机制。

对于社会而言，需求侧管理的实施能够减少一次能源的消耗及污染物的排放，缓解环境压力；尤其是在电力供应趋紧时，需求侧管理能够通过削峰填谷与移峰填谷等技术进行电力负荷整形，降低高峰负荷，缓建或少建电厂，减少国家在电力建设方面的投资，降低电力需求，缓解用电供需矛盾，保障国民经济的平稳运行。对于发电企业而言，需求侧管理可以提高发电设备的利用率，降低发电成本与发电能耗。对于用电消费者而言，国家可以制定面向消费者的可供多种选择的电价体系（比如阶梯电价），推动引导消费者做好终端用电负荷管理，激发消费者采用相关技术措施的积极性；另外，通过对购买相关节能设备给予适当补贴，可以克服节能设备的价格劣势，鼓励节能用电设备的生产与推广及应用。对于政府部门而言，有关部门则可以借助政府采购、公共投资等行政手段，推动节能信息的传播、节能知识的普及，并通过相关领域内专家的研讨交流与相关审计咨询等措施，促进节能标准的制定与实施，推动电力需求侧管理在公共领域的应用，从而全面激发整个社会的节能意识，实现国家节能减排的目标。

8.2.2.2 合同能源管理

合同能源管理（Energy Performance Contracting，EPC）借助于专业化的能源服务公司进行项目运作与管理，它是一种全新的、市场化的节能项目投资机制，通过创造一种新的盈利模式来实现节能减排的社会、经济与环境效益。

EPC 贯穿于节能项目的整个过程，其代表了一种社会化服务的理念，能够解决客户在开展节能项目时所遇到的资金短缺、技术缺陷、人员缺乏等问题，让客户能够集中精力发展主营业务，使其业务效率改进，生产运营成本降低，甚至能够促进相关节能产业的快速发展，形成客户节能与经济效益的双重保障机制。EPC 的实施，可以帮助客户将实施节能项目的投资、技术与运行等风险转移至能源服务公司，减少其在节能项目上不必要的精力与资本浪费，且由于节能项目本身能够产生经济效益，这又减轻了客户企业实施节能项目的融资压力。而能源服务公司则能够通过相关节能项目的开发运作，积累丰富的经验。能源服务公司凭借其专业化、规模化的技术手段，能够提高节能项目的运营效率，降低节能项目的实施成本，甚至能让节能项目产生盈利，这些都能够增强客户企业抵御风险的能力。EPC 一旦启动并发挥作用，则能够同时获得节能减排的社会和经济效益，使国家的节能减排目标与企业的盈利目标同时实现。因此，只要有政策措施的支持与市场机制的配套，EPC 必将成为一种可持续发展的节能减排市场机制。

8.2.2.3 白色证书交易

白色证书交易机制（Tradable Certificates for Energy Savings）是一种由为特定责任主体设定的节能配额加上节能量的交易系统组成的市场化政策组合，是一种能效管理的创新政策，其所指的节能配额一般为能源节约所设定的特定节能目标。

白色证书交易机制的经济学原理在于，由于承担节能任务的各责任主体生产技术条件不同，其能效改进的边际成本也会存在差异，当交易费用低于交易净收益时，交易会使得需求均衡，各交易方的边际成本也趋于一致，此时节能目标实现所需的总成本最低。能效项目所带来的能源节约是无形的，而且各项目所带来的能源节约量差异也非常大，很难成为一种稳定的能源资源。但是基于白色证书的交易机制可以形成有效的、集合化的市场激励机制。白色证书交易不仅仅是一种节能政策措施，也是一种创新的交易体系，其将能源供应商在规定时期内的能效提高量限定在一定范围内的举措能够提高整个社会的能源利用效率。一方面，白色证书交易能够衡量能源供应商在设定时期内所达到的目标能效提高量；另一方面，白色证书交易实现了基于市场运作的能效管理。在市场规则下，不但能源供应商能够实现最小化的能源节约行为，而且借助市场交易，能源服务公司也可以兑现其能效服务效益。基于白色证书的交易机制集合各边际成本不同的责任主体，实现了一种几乎所有能源节约责任方共赢、社会总成本最小化的结果。白色证书交易机制大大激发了各节能责任主体对节能技术开发的热情，在长期内能够实现节能减排目标的动态优化。

8.3 能源回弹效应研究的总结性评论

能源回弹效应研究的演进与发展历程表明，回弹效应仍然是一个充满争议的研究领域。虽然无论在微观经济层面还是宏观经济层面，能源效率提高的预期节能效果由于回弹效应的客观存在而很难完全实现的观点已被广泛接受，但对于该研究领域的统一性认识也几乎仅限于此。从回弹效应的大小和影响程度，到回弹效应的理论机制，再到其实证测算方法与结果，乃至于其限制政策思路，无不充斥着各种争论与分歧。而这些学术争鸣也恰恰在很大程度上促进了回弹效应研究的快速发展，加之回弹效应对于能源政策的有效性评估与合理化调整具有重要的参考价值，这些因素的共同推动使其成为 21 世纪能源经济学领域的一个热点议题和重要研究方向。通过对相关研究的回顾，我们有幸领略到了这座山峰的峻秀与险远，也感叹于诸多理论和经验基石的玄妙与精巧，但同时也触摸到缭绕其中的迷雾与波澜。我们将现有研究的主要得失及可扩展的研究方向简要总结如下。

第一，不够统一和明晰的含义界定，及其所带来的预期节能效果度量方法的不一致，是导致学界对回弹效应的大小和影响程度存在分歧，以及实证测算结果存在较大差异的主要原因。在从宏观经济角度对回弹效应的含义界定方面，尽管界定思路较为统一，但由于不同研究者采用了不同的生产或成本函数设定形式，所以导致其在具体表现形式上存在差异。而宏观经济系统的复杂性决定了开展相关实验及准实验研究是极其困难的。相比之下，学界对回弹效应的微观经济含义界定明显更为混乱，涉及价格弹性、能源效率成本、能源效率的内生性、时间成本等诸多因素。对于这些不同界定方式的选择、微观数据样本的可得性和准确性，以及所运用的测算方法的合理性，均直接影响着微观经济层面实证分析结果的稳健性。

第二，在理论机制研究方面，虽然以格瑞宁等为代表的理论探讨出发于卡扎姆的微观经济层面的回弹效应思想，而以桑德斯等人为代表的理论阐释研究则脱胎于布鲁克斯的宏观经济层面的回弹效应思想，但不难看出，格瑞宁等人基于效用理论和生产理论对整体经济回弹效应的理论探讨，与桑德斯等人在新古典增长框架下对宏观经济层面回弹效应的理论阐释如出一辙。只不过由于理论模型的限定，桑德斯等人研究的情形更加抽象，而格瑞宁等人则描述的是更为一般化的总体均衡情形，这也正是目前新古典增长框架下相关理论探索所苦苦追求的一个研究方向，即如何利用抽象的经济模型在总体均衡条件下，对包含众多交叉性影响因素的复杂的经济系统中回弹效应的作用机制进行更为一般化的阐释。从这个意义上讲，在新古典增长理论框架下与在新古典微观经济理论框架下对回弹效应分别开展的理论研究，正殊途同归于对宏观经济层面回弹效应的探讨。

第三，基于新古典增长理论的回弹效应理论研究仍然受限于其理论本身所固有的缺陷。其中最大的缺陷来自技术外生的假设，这将导致其稳态增长率外生化，从而存在着无法明晰技术进步的实际增长速度和演化过程，因此也使得基于新古典增长理论的现有研究在现实解释力上具有明显的缺陷。而近年来发展起来的将能源、环境因素考虑在内的最新的内生增长理论相关研究成果，对经济增长的内在机制具有更加深刻的解释力，这些都为弥补这一局限性提供了很好的理论基础。然而，目前还未见有学者在内生增长框架下对回弹效应进行理论探讨，不得不说这是一个较大的遗憾，这也应该成为未来研究的一个重要扩展方向。

第四，现有实证研究也同样存在上述问题，即大多假定技术进步与能源效率的获得是外生的，并对现实经济中必要的能源效率成本忽略不计。但由于能效改进常常伴随着其他生产要素效率的改变，而且不仅能效改进会导致能源消费需求的增加，同时能源消费需求的增加也可能推动对新能源技术需求的增加，虽然已有少数研究通过相关计量方法的应用在一定程度上实现了对潜在的内生性问题的控制，同时也有少数学者在开展相关实证研究时考虑了能源效率的成本因素，但大部分现有文献均未考虑这种双向促进效应所引起的内生性问题的存在，这也直接削弱了其测算结果的稳健性。因此，对潜在的内生性问题进行控制，并对能源效率成本予以考虑，应该成为后续实证研究的一个必要的改进空间。

第五，另一个值得进一步探究的实证研究方向是检验不同收入条件下回弹效应的差异。在微观经济层面，一些文献的研究结果已经初步显示直接回弹效应随收入水平提高和价格敏感性下降而趋于降低的经验证据。如米尔恩和博德曼研究发现采暖技术改进后低收入家庭具有更高的回弹效应，奥雷斯奇恩（Oreszeczyn）等在对英国低收入家庭采暖技术改进所引起的回弹效应进行测算后发现，在众多的实证研究中直接回弹效应的大小居然接近100%，有些甚至高于100%，引起逆反效应。因此，奥雷斯奇恩等的研究表明，收入不同的群体，它的能源服务需求的价格弹性也不同，其能效改进所引起的回弹效应程度也不一样。在国家层面，发达国家往往存在饱和效应，而发展中国家的边际消费群体规模更大，所以后者可能具有更大的回弹空间。但这一推断尚待通过进一步地比较实证研究来进行验证。

第 9 章　结论与展望

9.1　主要结论

本书从理论与实证测算两方面分析了回弹效应的作用机制，得出的主要结论如下：

①我国城镇居民生活用电存在明显的部分回弹效应，其中长期回弹效应为74%，短期回弹效应为72%。显然，我国城镇居民生活用电消费的回弹效应小于1，不存在回火效应，只存在部分回弹效应，即随着城镇居民用电效率的提高，虽然没有获得预期的完全收益，但是它仍然不失为一个正确的政策选择，如果没有能效改进这一举措，更多的能源将会被消费。但是，基于能源节约的视角而言，单纯地依靠能效改进技术和能效政策，并不像理论上预期的那么有效，因此不能将技术进步提高能源效率作为唯一的手段来实现节能或解决能源约束问题。另外从实证结果可以看出长期内能源消费在价格下降时的弹性大于价格上升时的弹性，这与戴盖和盖特利以及哈斯和席佩尔的结果截然不同。这可能是由我国经济的长期快速增长，城镇居民可支配收入的提高造成的，而且电在我国又是一种相对较便宜的一种能源，长期内人们必然希望通过电的使用来获得更舒适的生活方式，各种家用电器的使用频率也相应地增加，这也就造成长期内人们对电价上涨的反应没有对电价下降的反应迅速。

②基于2007年的《中国投入产出表》以及城镇居民用于电力消费的现金流的变化，运用按收入弹性、权重变化与按比例再支出三种测算情景，结合我国城镇居民电力消费投入产出模型测算的我国城镇居民用电间接回弹效应的结果表明，长期内我国城镇居民用电的直接与间接回弹效应约为93%（长期内直接回弹效应为74%，间接回弹效应为19.8%～20.3%），短期内我国城镇居民用电的直接与间接回弹效应约为93%（短期内直接回弹效应为72%，间接回弹

效应为 19.8%～20.8%）。这意味着由于能源效率改进所节约的电大部分都被直接或间接消费了，这也意味着把能源节约只寄希望于技术进步或者能源效率改进，在实际中是无法实现既定目标的，但是若没有能源效率的改进，城镇居民有可能会消费更多的电力。因此，政府有关部门，在提高能源效率的同时，应该采取更多的行动使居民的能源消费转向可持续的消费方式，从某种程度抑制由效率改善导致的能源回弹效应。

③我国整体经济层面回弹效应的结果表明：短期内，通过能效改进降低能源消费的政策思路在我国是总体可行的，但从长期来看，回弹效应作用较强，我国宏观经济层面尚存在较大的节能空间。首先，不应该在相关政策设计中忽略回弹效应的重要影响，在制定节能减排目标和进行相应的政策选择时，如能将潜在的回弹效应充分考虑其中，将可以做出更加合理有效的政策设计和制度安排；其次，单纯地依靠能效改进的节能政策只能部分地解决问题，还必须引入价格、税收等一系列市场化的辅助性政策组合对回弹效应加以限制，由此推动最大限度地实现能效改进所获得的潜在节能效果；最后，在能源政策的调整和改革过程中，必须谨慎对待不同政策措施之间的负面影响及其对宏观经济可能产生的负向冲击，只有将不同政策冲击进行适当组合才可能实现经济发展与节能减排的"双重红利"。

④通过对学者们的研究与本书的研究结果分析发现，单一的政策措施在限制能源回弹效应时很难达到理想的效果，以市场机制为基础的政策措施也存在着明显的缺陷和不足，只有采取多种措施相互搭配的政策组合才能真正对回弹效应进行有效限制。

9.2 主要贡献

本书的主要贡献如下。

第一，以 1996—2010 年我国 30 个省区市的面板数据，构建非对称价格下的双对数城镇居民用电需求模型。引入非对称价格效应乘数线性分解法，弥补能源价格波动情形下利用能源需求的价格弹性估计回弹效应的不足；引入 PPP 法，区分各省市区物价成本的差异，提高统计数据的稳健性；增加人口与气温变量，评估不同人口规模与气候特征的城镇居民用电的不平衡性。模型估计结果表明：我国城镇居民用电消费长期回弹效应为 0.74，存在明显的部分回弹效应，大部分由效率提高所带来的能源节约都由于回弹效应的存在被抵消了，回弹效应的存在减小了能效政策实施的效果。

第二，在我国城镇居民用电消费需求长期均衡模型的基础上构建城镇居民用电双对数误差修正模型，为评估各影响因素的短期效应提供了方法及工具，弥补了中国城镇居民用电短期回弹效应研究不足的现状；运用 Hausman 的工具变量法检验判定了能源需求与能源价格之间的内生性，弥补了能源价格对于能源效率外生假设的不足。误差修正模型估计结果表明：我国城镇居民用电消费长期回弹效应为 0.72，短期内城镇居民用电利用效率的提高所引起的大部分能源节约被回弹效应抵消了。

第三，基于双对数模型和误差修正模型估算了我国各地区道路货运部门的长期与短期直接回弹效应。实证研究结果表明，我国道路货运部门长期内存在部分回弹效应，且全国、东部地区、中部地区、西部地区的长期回弹效应分别为 84%、52%、80% 和 78%；短期的回弹效应为负，为轻微的超级节约效应，且其大小排列与长期回弹效应刚好相反，这可能是因为短期内中部地区的道路货运需求对价格变化更敏感。从长期来看，由能源效率提高引起的能源节约大部分都被抵消了，单纯地提高能源效率的技术和政策并不像理论上预期的那么有效；但是，从短期来看，在当前形势下提高能源效率仍然是减少能源消费的有效途径。我国道路货运部门能源消费的回弹效应随着城镇化增长率的下降存在着下降的趋势。另外本书所测算的短期直接回弹效应可能被低估，由于中国原油价格已经与国际接轨实现市场化，使得国内成品油价格市场化程度明显加强，波动频率明显加快，在国家发改委发布的 2005—2012 年的 34 次调价过程中，其中有 23 次是提高价格，燃油实际价格短期内上升明显，有效抑制了对成品油的短期需求，使得本书估计的短期回弹效应偏低。

第四，通过整合消费者需求理论与投入产出理论，将我国 135 个部门的投入产出表合并为 8 部门投入产出表，构建了我国城镇居民用电消费能源投入产出模型，为综合评估能源效率改进后财富节约再支出与隐含能源消费增加的联系提供了方法和工具；构建收入弹性、权重变化与按比例再支出三种情景实现财富再支出与能源需求增长的转化，使得运用能源投入产出模型测算间接回弹效应落到实处。测算结果表明，长期内我国城镇居民用电的直接与间接回弹效应约为 93%（长期间接回弹效应为 19.8% ～ 20.3%），短期内我国城镇居民用电的直接与间接回弹效应约为 93%（短期间接回弹效应为 19.8% ～ 20.8%）。

第五，基于影响北京市居民生活用电的影响因素，引入度日数法与非对称价格分解法，实证测算了北京市居民生活用电的直接与间接回弹效应，直接回弹效应实证结果发现北京市居民生活用电直接回弹效应短期内为 0.16，长期内为 0.4。很明显，直接回弹效应小于 1，北京市居民生活用电不存在逆反效应。而对于间接回弹效应的测算则运用能源投入产出法与居民消费再支出模型，结合直接回弹效应的测算结果，构建收入弹性、权重变化及按比例再支出三种测算情景，据此估计得出北京市居民生活用电间接回弹效应短期为 8% ~ 21%，长期为 6% ~ 15%。综合本书的测算结果，我们发现北京市居民生活用电回弹效应（直接与间接回弹效应）短期为 24% ~ 37%，长期为 46% ~ 56%。回弹效应作为检验能源效率提高政策对节能减排影响的另一标准，与全国相比，北京市居民生活用电的回弹效应并不算太大，这主要归功于这些年来北京市调整产业结构与能源结构的努力，另一个原因就是北京市的城镇化程度很高，所以回弹效应受城镇化影响要弱于全国平均水平。

第六，基于"干中学"思想，突破以往研究在基于技术进步外生这一严格假设的新古典经济理论框架开展理论研究的传统思路，在能源效率内生化的视角下，构建基于 CD 函数嵌套的 CES 生产函数的我国整体经济能源回弹效应测算模型。研究结果表明：在能源效率内生化条件下，CES 生产函数对于研究整体经济层面的回弹效应具有足够的灵活性和解释力；改革开放后，我国经济层面的长期能源回弹效应总体上表现为逆反效应，短期能源回弹效应则表现为部分回弹效应；依靠能源效率改进来降低能源消费的思路短期内在我国是总体可行的，但能效改进的潜在节能中有相当大一部分被经济高速增长所带来的新一轮能源消费所抵消，这就使得我国整体经济层面的长期回弹效应偏高。因此，我国宏观经济层面尚存在较大的节能空间。

9.3 政策建议

由于我国社会经济的持续快速发展，能源节约必须充分考虑能源需求动态增长的基本特征，避免对能源资源的系统性浪费，减少动态发展过程中的整体总能耗，必须综合考虑技术节能、制度节能与系统节能三种途径。

根据对能源回弹效应理论的分析与实证测算，本书进一步给出以下政策建议。

9.3.1　持续发展和采用新技术、提高终端能源利用效率

9.3.1.1　工业节能新技术

高度重视量大面广的风机、水泵、电机以及工业锅炉的能源利用效率，如工业锅炉效率提高 80% 以上；持续借助先进的技术手段提高工业生产过程的热效率；采用高效的能源转化技术提高能源的转化效率；改变工业生产结构，使工艺、装备和工程相结合；发展基于环境要求的资源全价开发技术，依靠技术创新改变传统的工业发展模式。

9.3.1.2　建筑节能新技术

着力推进北方城镇采暖能耗工程节能改造：①改进已有建筑围护结构，并严格执行新建筑节能标准；②改进终端采暖调节性能，完成供热改革，实行按热量收费；③推广基于吸收式换热的热电联产机组，提高集中供热热源效率与管网输送能力，并提高热电联产热源在集中供热系统热源中的比例；④把目前的一些低效率热源更换为高效率热源。

严格控制中央空调的使用，限制长江以南地区采用集中供热方式。在长江以南地区，发展高效、节能、舒适的分布式住宅局部采暖与空调技术。通过技术创新，鼓励与促进生物质能源在农村的使用，避免盲目使用商品能源替代生物质能源。加强建筑室内舒适度控制调节技术的研发与运用。

9.3.1.3　交通节能新技术

遵循三条基本技术路线，开发和推广我国汽车新能源动力系统。一是开发和推广节能内燃机与混合动力汽车，解决迫在眉睫的节能环保问题，并推动我国自主品牌汽车企业的发展，促进汽车动力系统技术转型；二是研发和应用汽车代用新燃料，促进交通领域内能源来源多元化发展，同时有步骤地推动能源基础设施的扩展和转型；三是推动电动车的研发、示范和产业化，促进新能源电动汽车的技术创新。

积极运用现代先进的互联网技术，提高我国交通运输管理的科技含量，使其向智能化交通运输管理体系方向发展。提高交通运输部门的管理效率，使交通运输部门的服务趋于国际先进水平，为我国交通部门节能减排目标的实现开辟新思路。

9.3.1.4 照明节能新技术

进一步推进中国绿色照明工程,加大各类高效照明技术和产品的推广力度,加大照明产品质量和标准落实的监督力度,优化照明产品的使用结构。

把半导体照明作为绿色照明下一步的重点工作之一,以特殊照明为近期主攻方向,在房产建设、景观照明和汽车灯系、显示器材上多下功夫,实现半导体显示照明的预期节能效果。从长远出发,适当加大半导体照明研发和产业化的资金投入,为未来半导体照明进入普通照明市场打好坚实的基础。引进人才,开展国际合作,国家建立相关推广基金,组织区域力量,打造示范工程,并组织推广和宣传。

鼓励新型照明技术的发展,重视天然采光技术的设计和运用;加大光伏太阳能电池与半导体照明相结合的产品开发与运用,实现新能源利用和照明节能的双赢。

9.3.2 建设节能型社会,形成有利于节能的社会制度和氛围

9.3.2.1 鼓励能够兼顾舒适度与节能关系的技术创新

随着我国经济发展水平和人均可支配收入的提高,对室内室外生活舒适度的追求已经成为必然趋势。1978—2011 年,我国城镇居民的恩格尔系数从57.5% 下降到 36.3%,同期农村居民的恩格尔系数从 67.7 下降到 40.4%。这表明我国城乡居民的消费方式正在从生存型向发展型、享乐型方向发展。

虽然通过技术手段创造舒适的生活是工业社会以来人类的不懈追求,但能够利用技术进步既满足生活舒适度的追求又实现保护环境、节约能源的目的,则是新时期对我国技术创新提出的新挑战。因此,有关部门应该从政策上鼓励和奖励节能技术的研发和使用,尤其是重点鼓励兼顾生活舒适度和节能的消费产品的开发。此外,应该出台有力政策,遏制奢侈品的进口和高能耗产品的出口。

9.3.2.2 通过宣传教育提高整个社会的节能意识

综合发挥公共管理、法律保障、政策调控和媒体宣传等手段,提高整个社会的节能意识和增强企业的社会责任感,通过改变主观感受的办法降低能源消耗又不损害人们对舒适度的追求。例如,政府部门可以给出能耗和碳排放总量需要控制的明确信号以及鼓励适中生活水平和适中舒适程度的明确定位引导、科研和教育部门可通过宣传和教育增强国民对于能源与环境问题的忧患意识、卫生部门可加强宣传开窗通风这样健康而低能耗的生活方式等。

9.3.2.3 鼓励并引导有利于节能的精神文化消费

物质消费固然是支撑人类生命存在的基础，但精神消费与文化消费却决定着我们的智能发展与人格完善。应该充分认识到精神生产和消费的价值，增加精神消费，不但是人类消费方式的高层次追求，也符合能源节约的需要。例如，年轻人追求刺激，热衷徒步旅行、攀岩、轮滑等运动，不但在运动中得到了自我实现的需要，也被贴上了"环保"这一时尚符号的标签。如果能对这些有益身心的精神消费进行积极引导，开发出健康、雅俗共赏的精神文化产品，就能够促进整个国家的文化消费能力，推动社会节能文化的发展。

9.3.2.4 建立有利于全社会自发节能的政策机制

坚持以企业节能作为实现节能战略目标的主要途径。在确保企业完成阶段性节能目标的同时，通过调整经济发展模式的导向、健全法律法规的约束、完善行政考核机制等途径，为企业主动采取节能生产模式创造有利的外部环境。

进一步促进民众对能源节约重要性的认识。通过提供更加便利的节能基础设施条件、提倡节能价值取向、完善沟通渠道、加大节能产品的价格优惠等一系列措施，逐步引导民众建立起节能生活方式。

充分重视研究与教育机构、金融机构、行业协会等中介组织或机构对节能战略目标实现所引起的必要和积极作用。通过政府与这些中介机构之间具有高杠杆作用的各种利益关系，间接地影响企业、民众等利益主体的行为，促进节能战略目标的实现。

9.3.3 全方位加强系统节能，避免无谓的能耗浪费

9.3.3.1 贯彻能耗的"总量控制"，做好各部门的能耗预算

应以总能耗作为考评各部门规划和建设的重要指标，从国家层面做好总能耗的预算，并以此作为依据协调各部门的规划与建设，从系统层面做好结构优化，并通过规划和配套政策等手段避免重复建设和过度建设所导致的能源浪费。重点控制耗能工业的产业规模和公共建筑规模，交通部门应该优先发展水运、铁路和城市公交。

9.3.3.2 高度重视建设能耗问题，提高能源设施的有效利用率

房屋、工厂、道路等能源设施的寿命过短或公用不足，无形中导致巨大的

建设型能源的浪费，是造成我国建设能耗"虚高"的重要原因。有关部门应该采取有力政策，提高能源设施的有效利用率。

9.3.3.3 促进建立可持续的能源系统，提高广义能源效率

秉承"转换整合化，需求精细化、供给多样化、布局分布化"的原则，配合以调度、控制和管理网络化，促进多种能源互补搭配、合理调度，实现合适的能源用在合适的地方，提高整个能源系统的能源效率。

9.4 研究展望

纵观能源回弹效应研究的演进与发展历程，不难发现这是一个充满争议的研究领域。虽然无论在微观经济层面还是宏观经济层面，能源效率提高的预期节能效果由于回弹效应的客观存在而很难完全实现的观点已被广泛接受，但对于该研究领域的统一性认识也几乎仅限于此。从回弹效应的大小和影响程度，到回弹效应的理论机制，再到其实证测算方法与结果，乃至于其限制政策思路，无不充斥着各种争论与分歧。而这些学术争鸣也恰恰在很大程度上促进了回弹效应研究的快速发展，加之回弹效应对于能源政策的有效性评估与合理化调整具有重要的参考价值，这些因素的共同推动使其成为 21 世纪能源经济学领域的一个热点议题和重要研究方向。

能源回弹效应在我国学界还属于一个较为崭新的研究领域，相关研究还处于起步阶段。可喜的是，近几年已经出现了一些以我国为研究对象的实证研究，但与国外丰富的研究成果相比，国内相关研究还远不够深入。在全球均大力倡导绿色经济变革和经济发展方式转变的大背景下，经济学家及管理学家们任重而道远，而能源回弹效应研究无疑将成为未来相当长一段时期值得经济学家们持续关注和深入探讨的一个研究领域。希望本书对回弹效应的测算方法及相关实证研究能够为后续研究者提供有益的借鉴与参考。

参考文献

［1］魏一鸣，廖华. 中国能源报告（2010）：能源效率研究［M］. 北京：科学出版社，2010.

［2］魏一鸣，吴刚，梁巧梅，等. 中国能源报告（2012）：能源安全研究［M］. 北京：科学出版社，2012.

［3］杨洋，王非，李国平. 能源价格、产业结构、技术进步与我国能源强度的实证检验［J］. 统计与决策，2008（11）.

［4］李春发，谭洪玲，王澜颖，等. 天津市工业行业全要素能源效率变动的影响因素分析［J］. 中国人口·资源与环境，2012（4）.

［5］徐士元. 技术进步对能源效率影响的实证分析［J］. 科研管理，2009(6).

［6］滕玉华. 自主研发、技术引进与能源强度：基于中国地区工业的实证分析［J］. 产业经济研究，2009（5）.

［7］周勇，林源源. 技术进步对能源消费回报效应的估算［J］. 经济学家，2007（2）.

［8］史丹. 我国经济增长过程中能源利用效率的改进［J］. 经济研究，2002（9）.

［9］魏一鸣，廖华. 能源效率的七类测度指标及其测度方法［J］. 中国软科学，2010（1）.

［10］姜晓运，查冬兰，陈姣. 家庭用车能源效率回弹效应研究［J］. 江苏商论，2013（8）.

［11］吕荣胜，聂锢，洪帅. 我国能源回弹效应研究综述［J］. 经济问题探索，2013（1）.

［12］孙锌，刘晶茹. 家庭消费的反弹效应研究进展［J］. 中国人口·资源与环境，2013（增刊1）.

［13］薛澜，刘冰，戚淑芳. 能源回弹效应的研究进展及其政策涵义［J］.

中国人口·资源与环境，2011（10）.

　　[14] 杨晓华，徐桂花，NATHWANI J. 能源回弹效应及其对我国的政策启示 [J].经济研究参考，2014（14）.

　　[15] 查冬兰，周德群.为什么提高能源效率没有减少能源消费：能源效率回弹效应研究评述 [J].经济与金融，2012（1）.

　　[16] 林民书，杨治国.国外能源回弹效应研究进展评述 [J].当代经济管理，2010（9）.

　　[17] 梁艳萍.环境政策的失效与回弹效应[J].科学技术与工程，2007(3).

　　[18] 黄纯灿.能源反弹效应研究综述 [J].经济论坛，2011（2）.

　　[19] 王琛、王兆华、卢密林.能源直接回弹效应经济学分析：微观视角[J].北京理工大学学报（社会科学版），2013（2）.

　　[20] 阳攀登，屈亚平，李敏.基于技术进步的浙江省能源消费回弹效应研究 [J].技术经济，2010（8）.

　　[21] 白竹岚，诸大建，蔡兵.上海1978—2009年能源反弹效应的完全分解分析 [J].华东经济管理，2011（9）.

　　[22] 彭远新，林振山.三元生产要素下的区域能源反弹效应研究 [J].统计与决策，2011（2）.

　　[23] 李元龙，陆文聪.生产部门提高能源效率的宏观能耗回弹分析 [J].中国人口·资源与环境，2011（11）.

　　[24] 刘阳，柯佑鹏，何安琪.基于技术进步视角的中国橡胶制品业橡胶消费回弹效应研究 [J].林业经济问题，2011（5）.

　　[25] 梁日忠，张林浩.1990年—2008年中国化学工业碳排放脱钩和反弹效应研究 [J].资源科学，2013（2）.

　　[26] 胡秋阳.回弹效应与能源效率政策的重点产业选择 [J].经济研究，2014（2）.

　　[27] 周勇，林源源.技术进步对能源消费回报效应的估算 [J].经济学家，2007（2）.

　　[28] 刘源远，刘凤朝.基于技术进步的中国能源消费反弹效应：使用省际面板数据的实证检验 [J].资源科学，2008（9）.

　　[29] 陈凯，史红亮，闫波.技术进步对能源消费回弹效应的影响：基于中国钢铁行业实证研究 [J].工业技术经济，2011（4）.

　　[30] 赵楠，贾丽静，张军桥.技术进步对中国能源利用效率影响机制研究 [J].统计研究.2013（4）.

［31］高辉，冯梦黎，甘雨婕.基于技术进步的中国能源回弹效应分析［J］.河北经贸大学学报，2013（6）.

［32］邵帅，杨莉莉，黄涛.能源回弹效应的理论模型与中国经验［J］.经济研究，2013（2）.

［33］王志华，陈圻.考虑技术进步与结构变动的产业能耗回弹效应分析［J］.生态经济，2014（1）.

［34］尹硕，张耀辉，燕景.中国产业结构、能源效率与能源消费的动态关系［J］.华东经济管理，2014（7）.

［35］高大伟.国际贸易技术溢出对中国能源效率的影响研究［D］.南京：南京航空航天大学，2010.

［36］呙小明.基于产业层次的中国能源效率研究［D］.重庆：重庆大学，2012.

［37］赵娅.中国能源效率、能源消费与经济增长关系的实证研究［D］.青岛：山东大学，2007.

［38］于宏洋.技术进步对能源效率的影响研究：基于内蒙古工业数据的实证分析［D］.呼和浩特：内蒙古大学，2012.

［39］蒋建春.基于嵌套 CES 函数的我国区域能源反弹效应研究［D］.哈尔滨：哈尔滨工业大学，2010.

［40］徐滢.中国工业部门能源反弹效应的估算及其对要素替代弹性影响的实证分析［D］.大连：东北财经大学，2011.

［41］张国庆.基于回弹效应的技术进步对我国制造业能源消费影响研究［D］.哈尔滨：哈尔滨工程大学，2012.

［42］聂铟.基于回弹效应理论的工业企业可持续发展研究［D］.天津：天津理工大学，2013.

［43］张晓明.交通运输业能源回弹效应实证研究［D］.陕西：长安大学，2014.

［44］LEONTIET W，FORD D. Environmental repercussions and the economic structure，an input-output approach［J］. Review of Economics and Statistics，1970，52（3）.

［45］DRUCKMAN A，CHITNIS M，SORRELL S，et al. Missing carbon reductions? Exploring rebound and backfire effects in UK households［J］.Energy Policy，2011（6）.

［46］AKINOBU M，YASUHIKO K，MU H，et al. Electricity demand in

the Chinese urban household-sector ［J］.Applied Energy，2008（85）.

［47］ Birol F，Keppler J H. Prices，technology development and the rebound effect ［J］. Energy Policy，2000（28）.

［48］ BROOKES L. Energy efficiency fallacies revisited ［J］. Energy Policy，2000（6-7）.

附　　录

附表1　中国30个省区市历年城镇居民用电价格（1996—2010）

［单位：元/（kW·h）］

省区市	1996年	1997年	1998年	1999年	2000年	2001年	2002年	2003年	2004年	2005年	2006年	2007年	2008年	2009年	2010年
北京	0.310	0.310	0.364	0.362	0.393	0.393	0.421	0.440	0.447	0.447	0.480	0.480	0.480	0.480	0.480
天津	0.330	0.330	0.379	0.379	0.394	0.394	0.407	0.410	0.410	0.410	0.460	0.490	0.490	0.490	0.490
河北	0.280	0.280	0.369	0.368	0.403	0.403	0.403	0.468	0.490	0.490	0.490	0.520	0.520	0.520	0.520
山西	0.320	0.320	0.370	0.370	0.370	0.380	0.389	0.473	0.475	0.475	0.480	0.480	0.480	0.480	0.480
内蒙古	0.300	0.300	0.340	0.318	0.310	0.355	0.355	0.355	0.375	0.375	0.410	0.410	0.430	0.430	0.430
辽宁	0.290	0.290	0.339	0.339	0.399	0.399	0.399	0.441	0.450	0.450	0.470	0.450	0.450	0.490	0.500
吉林	0.290	0.290	0.339	0.339	0.339	0.339	0.339	0.379	0.458	0.458	0.500	0.525	0.525	0.525	0.530
黑龙江	0.290	0.290	0.339	0.339	0.399	0.399	0.399	0.399	0.452	0.452	0.470	0.470	0.490	0.510	0.510
上海	0.550	0.550	0.610	0.610	0.610	0.610	0.610	0.610	0.610	0.610	0.610	0.610	0.610	0.610	0.610
江苏	0.420	0.420	0.470	0.488	0.520	0.520	0.520	0.520	0.520	0.520	0.520	0.520	0.520	0.520	0.520
浙江	0.430	0.430	0.530	0.530	0.530	0.530	0.530	0.530	0.530	0.530	0.540	0.540	0.540	0.540	0.540
安徽	0.390	0.390	0.479	0.452	0.506	0.506	0.506	0.509	0.543	0.543	0.560	0.565	0.565	0.565	0.565
福建	0.350	0.350	0.399	0.367	0.367	0.367	0.367	0.422	0.425	0.425	0.460	0.460	0.460	0.460	0.460
江西	0.390	0.390	0.449	0.449	0.449	0.449	0.449	0.499	0.560	0.560	0.590	0.590	0.590	0.590	0.600
山东	0.360	0.360	0.382	0.390	0.422	0.422	0.496	0.520	0.520	0.520	0.540	0.540	0.540	0.547	0.550
河南	0.340	0.340	0.396	0.383	0.410	0.410	0.425	0.500	0.505	0.505	0.560	0.560	0.560	0.560	0.560
湖北	0.380	0.380	0.440	0.446	0.457	0.457	0.474	0.520	0.523	0.523	0.520	0.550	0.560	0.570	0.570
湖南	0.450	0.450	0.556	0.511	0.503	0.503	0.503	0.541	0.548	0.548	0.570	0.580	0.588	0.588	0.588
广东	0.650	0.650	0.650	0.650	0.650	0.650	0.644	0.613	0.610	0.610	0.610	0.610	0.610	0.610	0.610
广西	0.490	0.490	0.436	0.436	0.436	0.522	0.522	0.522	0.522	0.522	0.530	0.530	0.530	0.530	0.530
海南	0.480	0.480	0.538	0.559	0.581	0.581	0.586	0.600	0.600	0.600	0.600	0.600	0.600	0.600	0.600

省区市	1996年	1997年	1998年	1999年	2000年	2001年	2002年	2003年	2004年	2005年	2006年	2007年	2008年	2009年	2010年
四川	0.330	0.330	0.435	0.435	0.435	0.413	0.379	0.464	0.466	0.466	0.490	0.490	0.490	0.490	0.490
重庆	0.340	0.340	0.376	0.369	0.366	0.396	0.396	0.432	0.445	0.445	0.500	0.520	0.520	0.520	0.520
贵州	0.300	0.300	0.348	0.351	0.383	0.383	0.383	0.398	0.419	0.419	0.450	0.460	0.460	0.460	0.460
云南	0.360	0.360	0.384	0.376	0.402	0.402	0.402	0.402	0.405	0.405	0.450	0.450	0.450	0.450	0.450
陕西	0.360	0.360	0.407	0.389	0.412	0.412	0.412	0.412	0.474	0.474	0.500	0.500	0.500	0.500	0.500
甘肃	0.310	0.310	0.375	0.373	0.420	0.420	0.420	0.450	0.470	0.470	0.490	0.490	0.510	0.510	0.510
青海	0.210	0.210	0.270	0.270	0.362	0.362	0.386	0.360	0.405	0.405	0.420	0.420	0.420	0.420	0.420
宁夏	0.300	0.300	0.350	0.350	0.394	0.394	0.412	0.447	0.447	0.447	0.450	0.450	0.450	0.450	0.450
新疆	0.320	0.320	0.374	0.375	0.387	0.387	0.440	0.432	0.410	0.410	0.460	0.470	0.480	0.480	0.480

注：表内数据不包括港、澳、台地区以及西藏自治区

附表 2　中国 30 个省区市历年城镇购买力平价表（1996—2010）

省区市	1996年	1997年	1998年	1999年	2000年	2001年	2002年	2003年	2004年	2005年	2006年	2007年	2008年	2009年	2010年
全国	1.000	1.000	1.000	1.000	1.000	1.000	1.000	1.000	1.000	1.000	1.000	1.000	1.000	1.000	1.000
北京	1.153	1.178	1.214	1.237	1.270	1.300	1.290	1.281	1.252	1.250	1.243	1.218	1.212	1.204	1.195
天津	1.089	1.066	1.036	1.018	0.980	0.962	0.976	0.983	0.996	0.997	1.003	1.021	1.024	1.030	1.042
河北	0.946	0.951	0.943	0.941	0.950	0.942	0.933	0.945	0.959	0.958	0.960	0.961	0.959	0.957	0.950
山西	1.054	1.047	1.047	1.065	1.110	1.100	1.091	1.083	1.081	1.084	1.085	1.083	1.102	1.104	1.107
内蒙古	1.024	1.039	1.045	1.044	1.010	1.021	1.037	1.036	1.025	1.029	1.024	1.025	1.009	1.015	1.014
辽宁	1.073	1.065	1.071	1.054	1.040	1.033	1.029	1.026	1.028	1.016	1.014	1.016	1.007	1.010	1.009
吉林	0.949	0.948	0.944	0.936	0.920	0.935	0.938	0.937	0.944	0.950	0.951	0.949	0.955	0.954	0.960
黑龙江	0.991	0.999	1.015	1.006	1.010	1.003	1.004	1.002	1.001	0.995	1.001	1.011	1.010	1.009	1.010
上海	1.218	1.198	1.187	1.242	1.290	1.280	1.295	1.285	1.268	1.270	1.262	1.236	1.245	1.242	1.237
江苏	1.156	1.140	1.140	1.107	1.080	1.081	1.058	1.067	1.083	1.094	1.098	1.108	1.102	1.102	1.108
浙江	1.056	1.085	1.090	1.100	1.110	1.104	1.109	1.105	1.096	1.091	1.086	1.084	1.079	1.070	1.073
安徽	1.012	0.991	0.989	0.970	0.970	0.974	0.977	0.989	1.003	0.998	1.001	1.015	1.028	1.029	1.020
福建	1.051	1.057	1.054	1.066	1.090	1.071	1.073	1.061	1.056	1.065	1.062	1.059	1.043	1.037	1.039
江西	1.022	1.027	1.037	1.041	1.030	1.046	1.056	1.059	1.053	1.050	1.048	1.040	1.055	1.067	1.064
山东	1.021	1.023	1.010	1.019	1.010	1.023	1.008	1.006	1.001	0.997	0.998	0.993	0.982	0.987	0.984
河南	0.955	0.947	0.930	0.899	0.880	0.877	0.886	0.895	0.917	0.926	0.928	0.942	0.958	0.948	0.955
湖北	1.052	1.054	1.054	1.060	1.070	1.067	1.060	1.070	1.061	1.067	1.069	1.062	1.052	1.057	1.050

省区市	1996年	1997年	1998年	1999年	2000年	2001年	2002年	2003年	2004年	2005年	2006年	2007年	2008年	2009年	2010年
湖南	0.991	0.995	1.021	1.046	1.060	1.044	1.048	1.037	1.032	1.026	1.028	1.033	1.035	1.039	1.043
广东	1.335	1.323	1.294	1.279	1.290	1.294	1.281	1.272	1.254	1.254	1.257	1.239	1.237	1.211	1.211
广西	1.009	0.995	0.983	0.971	0.950	0.970	0.973	0.975	0.988	0.998	0.996	1.014	1.034	1.037	1.035
海南	1.192	1.202	1.208	1.232	1.250	1.219	1.220	1.202	1.193	1.172	1.168	1.157	1.140	1.157	1.175
四川	0.991	1.026	1.049	1.038	1.020	1.051	1.056	1.083	1.097	1.102	1.115	1.129	1.114	1.128	1.116
重庆	1.021	1.002	0.968	0.979	0.950	0.949	0.950	0.937	0.929	0.921	0.921	0.911	0.919	0.898	0.897
贵州	0.917	0.920	0.959	0.955	0.980	0.987	0.980	0.983	0.981	0.979	0.971	0.982	0.995	0.997	0.996
云南	0.987	0.999	1.017	1.016	1.000	0.958	0.962	0.966	0.991	1.002	1.005	1.005	0.990	1.010	1.017
陕西	1.082	1.089	1.039	1.022	1.050	1.071	1.060	1.054	1.023	1.015	1.017	1.010	1.017	1.012	1.010
甘肃	1.011	0.988	1.001	1.001	0.990	1.019	1.030	1.031	1.014	1.017	1.008	1.009	1.025	1.034	1.041
青海	0.974	0.996	1.012	1.036	1.040	1.040	1.069	1.079	1.088	1.072	1.078	1.089	1.098	1.123	1.131
宁夏	1.021	1.009	1.003	0.999	1.000	0.983	0.957	0.954	0.965	0.984	0.983	0.973	0.964	0.937	0.925
新疆	1.056	1.052	1.051	1.036	1.040	1.068	1.062	1.052	1.040	1.030	1.022	1.018	1.012	1.010	1.009

注：表内数据不包括港、澳、台地区以及西藏自治区

附表 3　中国 30 个省区市历年城镇度日数（1996—2010）

（单位：℃·d）

省区市	1996年	1997年	1998年	1999年	2000年	2001年	2002年	2003年	2004年	2005年	2006年	2007年	2008年	2009年	2010年
北京	614	807	642	681	1083	943	657	714	575	921	755	614	723	663	921
天津	705	916	715	686	1052	949	642	726	608	972	831	669	798	693	925
河北	507	827	642	526	868	876	535	560	427	891	675	537	581	622	760
山西	900	802	654	669	873	829	680	810	643	949	721	596	863	644	733
内蒙古	1746	1392	1347	1442	1692	1561	1283	1569	1356	1724	1383	1229	1584	1093	1637
辽宁	1438	1554	1295	1494	1926	1848	1329	1360	1302	1742	1559	1318	1464	1251	1724
吉林	1977	1820	1838	2008	2405	2272	1791	1774	1845	2241	1899	1591	1790	1504	2284
黑龙江	2240	2096	2397	2279	2683	2579	1580	2059	1757	2442	2253	1849	2030	1771	2609
上海	298	281	372	184	345	303	274	453	381	514	408	401	430	403	426
江苏	360	361	403	167	421	334	289	371	374	566	445	383	441	389	383
浙江	347	281	387	200	379	285	252	490	384	587	451	466	470	458	359
安徽	346	407	457	182	493	389	365	382	337	538	448	371	460	419	374

省区市	1996年	1997年	1998年	1999年	2000年	2001年	2002年	2003年	2004年	2005年	2006年	2007年	2008年	2009年	2010年
福建	480	302	498	449	398	460	414	583	488	506	467	528	508	524	504
江西	420	265	435	318	410	403	369	560	412	582	441	512	556	545	508
山东	462	706	556	357	717	721	556	504	372	857	596	429	555	400	529
河南	432	551	426	302	539	656	407	327	346	658	514	263	505	453	482
湖北	357	401	523	325	554	565	408	461	379	554	526	530	548	519	346
湖南	317	281	427	206	410	358	304	450	336	498	450	518	560	533	459
广东	400	424	630	538	600	619	576	672	633	739	666	751	665	728	604
广西	399	506	741	415	484	410	396	516	431	555	469	481	423	544	509
海南	733	1320	902	773	771	825	798	481	783	883	939	576	615	633	688
四川	169	143	102	37	84	121	142	115	59	86	171	87	108	77	81
重庆	343	347	281	292	253	325	292	322	279	382	543	310	331	417	365
贵州	31	25	258	0	95	12	0	0	59	160	22	68	205	37	0
云南	0	0	0	0	0	0	0	0	0	0	0	0	0	0	0
陕西	518	753	385	313	458	525	517	371	388	635	532	333	568	403	382
甘肃	868	645	605	663	766	636	606	604	653	1212	1127	553	889	807	1193
青海	1440	1254	1233	1204	1350	1213	1227	1178	1253	1349	1187	1192	1373	880	1182
宁夏	893	815	819	1225	980	988	869	1052	918	1198	920	823	1206	689	854
新疆	1888	1730	1597	1638	1865	1697	1557	1811	1656	1936	1580	1448	1634	1160	1736

注：表内数据不包括港、澳、台地区以及西藏自治区

附表4　中国（港澳台除外）历年要素投入与经济产出数据（1978—2012）

年份	真实GDP（亿元）	资本存量（亿元）	就业人数（万人）	能源消费（万吨标准煤）
1978	3645.2	8021.8	39764.5	57144
1979	3922.235	8271.3	40588	58588
1980	4228.728	8621.0	41692.5	60275
1981	4450.445	8908.5	43043	59447

年份	真实 GDP（亿元）	资本存量（亿元）	就业人数（万人）	能源消费（万吨标准煤）
1982	4853.516	9284.0	44510	62067
1983	5380.267	9779.2	45865.5	6604
1984	6196.777	10518.2	47316.5	70904
1985	7031.247	11467.7	49035	76682
1986	7653.258	12531.7	50577.5	8085
1987	8539.755	13827.3	52032.5	86632
1988	9503.089	15221.2	53558.5	92997
1989	9889.219	16072.4	54831.5	96934
1990	10268.87	16921.0	60039	98703
1991	11211.44	18091.6	65120	103783
1992	12808.03	19863.0	65821.5	10917
1993	14596.58	22378.8	66480	115993
1994	16505.92	25458.9	67131.5	122737
1995	18309.18	28964.9	67760	131176
1996	20141.66	32766.6	68507.5	135192
1997	22014.24	36584.3	69385	135909
1998	23738.69	40724.4	70228.5	136184
1999	25547.54	45005.6	71015.5	140569
2000	27701.53	49665.9	71739.5	145531
2001	30000.84	54880.2	72441	150406
2002	32725.54	61153.7	73038.5	159431
2003	36006.4	69184.9	73508	183792
2004	39637.66	78487.1	74000	213456
2005	44120.69	89614.2	74455.5	235997
2006	49713.66	102460.2	74812.5	258676
2007	56754.31	116746.4	75149.5	280508
2008	62222.4	131998.0	75442.5	291448

年份	真实 GDP （亿元）	资本存量 （亿元）	就业人数 （万人）	能源消费 （万吨标准煤）
2009	67955.69	153205.5	75696	306647
2010	75055.02	176768.8	75966.5	324939
2011	82035.05	201862.3	76420	348002
2012	88312.73	229039.2	76704	361732

附录 5 资本存量的测算

1978 年的固定资本形成总额指数（1952=1）=

$$\frac{1978年的固定资本形成总额（当年价格）/1978年的投资隐含平减指数（1952年=1）}{1952年的固定资本形成总额（当年价格）}$$

（1）

1978 年的固定资本形成总额指数（上一年 =1）=

$$\frac{1978年的固定资本形成总额（当年价格）/1978年的投资隐含平减指数（上一年=1）}{1977年的固定资本形成总额（当年价格）}$$

（2）

假设 p_1，p_2，p_3 分别代表三类资本品在 t 年的价格，那么根据定义：

固定资本形成总额（当年价）为

$$X_t = \sum_{i=1}^{3} q_{i,t} p_{i,t}, \quad （t=1952，\cdots，2012）$$

（3）

固定资本形成总额指数（1952 年 =1）为

$$Y_t = \frac{\sum_{i=1}^{3} q_{i,t} p_{i,1952}}{\sum_{i=1}^{3} q_{i,1952} p_{i,1952}}, \quad （t=1952，\cdots，2012）$$

（4）

投资隐含平减指数（1952 年 =1）为

$$Z_t = \frac{\sum_{i=1}^{3} p_{i,\,t} q_{i,\,t}}{\sum_{i=1}^{3} p_{i,\,1952} q_{i,\,t}}, \quad (t=1952, \cdots, 2012) \tag{5}$$

假定三类资本品的价格在各年的变动幅度都比较接近，即 $p_{1,\,t} \approx p_{2,\,t} \approx p_{3,\,t} = p_t$，那么

$$Y_t \approx \frac{\sum_{i=1}^{3} q_{i,\,t}}{\sum_{i=1}^{3} q_{i,\,1952}} \tag{6}$$

$$Z_t \approx \frac{p_t \sum_{i=1}^{3} q_{i,\,t}}{p_{1952} \sum_{i=1}^{3} q_{i,\,t}} = \frac{p_t}{p_{1952}} \tag{7}$$

则 $\dfrac{X_t}{X_{1952}} = \dfrac{\sum_{i=1}^{3} q_{i,\,t} p_{i,\,t}}{\sum_{i=1}^{3} q_{i,\,1952} p_{i,\,1952}} \approx \dfrac{p_t}{p_{1952}} \dfrac{\sum_{i=1}^{3} q_{i,\,t}}{\sum_{i=1}^{3} q_{i,\,1952}} = Z_t Y_t \tag{8}$

所以，我们所要求的投资隐含平减指数就是：

$$Z_t = \frac{X_t / Y_t}{X_{1952}} \tag{9}$$

将其变形即得（1）式：

$$Y_t = \frac{X_t / Z_t}{X_{1952}} \tag{10}$$

同理可推得（2）式。

2012 年的固定资本形成总额指数（1952=1）=

$$\frac{2012 年的固定资本形成总额（当年价格）/2012 年的投资隐含平减指数（1952 年 =1）}{1952 年的固定资本形成总额（当年价格）}$$

$$\tag{11}$$